Teresa Sánchez

Recordando mis recuerdos
el cuarenta de mayo

© Teresa Sánchez - *Recordando mis recuerdos el cuarenta de mayo*

© Editorial La Rueca

www.editoriallarueca.com

Primera edición: diciembre 2025

ISBN: 979-13-87525-62-0

Depósito Legal: M-25319-2025

Impreso en España - UNIÓN EUROPEA

Nací en un pueblo serrano de la Comunidad de Madrid, un poco antes de comenzar un verano caluroso como siempre ocurre en estas fechas, creo que nacer en esta sierra madrileña ha influido mucho en mi carácter, soy muy activa, emprendedora, inquieta y muchas veces imparable.

He procurado siempre ser fiel a mis amigos y a las personas que mas han influido en mi vida, ayudándome a cumplir mis sueños personales y profesionales.

Siempre he sido aficionada a la escritura y he tenido la oportunidad de publicar varios de mis relatos, artículos, cuentos y poesías, pero lo más importante, literariamente hablando, ha sido la publicación de mi primer libro dedicado a la Fundacion APASCOVI, de la cual soy fundadora y actualmente presidenta.

Gran parte de mi tiempo lo he dedicados a esta obra social que atiende a personas con discapacidad. Desde sus inicios hasta la actualidad ha demostrado su buen hacer para conseguir una integración plena de las Personas con discapacidad en la sociedad.

De este modo ha pasado gran parte de mi vida y creo que, por eso y mi afición a la escritura creativa, he tenido el atrevimiento de escribir este libro para lo que he recopilado muchos recuerods de mis familiares y varias experiencias vividas a lo largo de mi vida.

TERESA SANCHEZ

DEDICATORIA

A todas las personas que, por cualquier circunstancia, han salido de su país para buscar un futuro mejor y hacen realidad su sueño de juventud.

Esta historia, que está basada en hechos reales, es consecuencia del interés que siempre he tenido para que mis hijas y familiares cercanos pudieran conocer como fue la vida de sus antepasados y en especial la de Sabina. Una mujer valiente que por amor a su marido recorre miles de kilómetros para estar a su lado. Espero que esta historia que os dedico la recordemos siempre con mucho cariño.

Sabemos cuándo y cómo lo queremos. pero no podemos olvidar que nuestro futuro está en manos del destino.

AGRADECIMIENTOS

Deseo hacer llegar mi más sinceras gracias, a todas las personas que, con sus aportaciones desinteresadas, me han ayudado a recordar mis recuerdos el cuarenta de mayo, sin su colaboración no hubiera visto la luz esta bonita historia.

José Maria Carretero, Carolo Peña, Nacho del Rio,
Alicia Contreras, Petra Sánchez, Rosario Hernando

PRÓLOGO

Esta historia, cuenta los hechos acontecidos en un pueblo de Castilla y en Buenos Aires, he tratado de escribir la realidad de los recuerdos utilizando mi estilo literario y el resultado ha sido similar a la historia de una familia de emigrantes y su paso por el mundo.

Desde aquí se lo quiero dedicar a mis hijas y familiares para que valoren las experiencias vividas por sus antepasados en un país muy lejano. A mi familia con la que he compartido la misma generación y han sido el motor de mis recuerdos. A las nuevas generaciones que vendrán en el futuro para que conozcan sus raíces, la lucha por conseguir sus deseos y puedan valorar su paso por la vida.

Para todos ellos, mil gracias por ayudarme a recordar los recuerdos en este día tan especial de cuarenta de mayo.

Durante el proceso de escribir esta historia he pensado muchas veces en el título que le podría poner y asi dar un nombre propio a este trabajo.

Nunca he sido muy seguidora de las noticias sobre los horóscopos y adelanto del futuro, pero en esta ocasión me ha parecido oportuno ofrecer al lector la posibilidad de "elegir su título" según avance la lectura mi propuesta podría ser "Recordando mis recuerdos, el cuarenta de mayo" ¿Y la tuya?

ÍNDICE

CAPÍTULO I

MI FAMILIA

Mi familia es natural de Ávila, desde hace varias generaciones, su pequeño pueblo está situado en una tierra de labranza, dura, con poca agua y con pocas oportunidades laborales. Para solucionar este tema laboral y labrarse un futuro, la persona que todavía no era mi padre, pero ya lo tenían planificado, porque eran novios desde muy jovencitos, se esforzó en conseguir un trabajo de electricista en Renfe con destino en la estación andaluza de Sevilla, cosa que ralentizó el noviazgo, pero después de unos años pudo trasladarse a la provincia de Madrid.

La boda se celebró en la Iglesia de San Andrés y el convite en el Mesón del Rastro. Mi madre, con un bonito traje de novia negro, cosa que ahora parece extraña, pero en esos años el color blanco estaba reservado para novias de familias más pudientes que la mía. Mi madre estaba muy guapa y además orgullosa porque ella diseñó y confeccionó su vestido de novia.

En aquella época, una vez contraído matrimonio, por supuesto canónigo, el marido era "el responsable de su mujer" y fue la primera vez que pudieron viajar juntos con destino a Madrid. Para ellos estar en la capital de España fue una experiencia muy especial que les hizo cambiar su forma de afrontar el futuro más cercano.

A pesar de su época de disturbios y enfrentamientos bélicos, Madrid se había convertido en una bonita ciudad con edificios emblemáticos y de gran valor arquitectónico.

Su estancia en la capital de España les hizo conocer otros lugares muy diferentes a los que había en su pueblo y a los de Ávila. Les sorprendió mucho los ruidos de las calles, la cantidad de coches tocando el claxon, los vagones de metro debajo de las calles, los edificios altos que no dejaban ver el cielo y, por más que lo intentaron, no oyeron sonar las campanas de la catedral, ni el silencio de los conventos, ni la silueta de murallas protegiendo la ciudad, eso les hizo recordar en más de una ocasión la paz y el sosiego de la ciudad de Ávila.

Una de las cosas que sorprendió a mi madre cuando llegó a Madrid fue la casualidad de que todos los coches eran iguales.

Esa pregunta que hizo a mi padre cuando lo vio, ha sido motivo de comentarios y risas en casi todos los encuentros familiares, por sus dudas relacionadas con la cantidad de coches que había todos iguales (negros con una raya roja) los de Ávila eran de diferentes colores, mi padre más acostumbrado a viajar y dándoselas de entendido, le dijo que eran taxis y todos iguales para distinguirlos de los coches particulares que en Madrid había muchos más que en Ávila

De este modo, pasaron su luna de miel, visitando a la familia que ya estaba en Madrid, viendo los edificios bonitos y emblemáticos de la gran ciudad y, como no podía ser de otro modo, fueron a conocer la estación de tren de Atocha que era un edificio grande y clásico con movimiento de trenes entrando y saliendo continuamente.

A las pocas semanas de regresar al pueblo y contar a la familia su experiencia madrileña, llego el momento de realizar el viaje más importante de su vida, por trabajo y por amor dejaron su pueblo, su familia y sus amigos, para comenzar una nueva vida en otro lugar completamente desconocido para los dos, sin saber cómo sería su futuro, ni el mío, ni el de los hijos que tuvieran.

Es aquí donde comienza la verdadera historia de estos dos jóvenes abulenses que con más miedo que otra cosa, dejan su pueblo y se van a la gran ciudad, mejor dicho, a un pueblo de la sierra madrileña donde vivimos el resto de nuestra vida, en este pueblo que se llama Villalba he aprendido la realidad de la vida, la importancia de decir si o decir no ya que esa contestación será decisiva para mi futuro, en este pueblo he pasado mi infancia, mi juventud mi madurez y deseo poder seguir viviendo aquí hasta que el destino cambie mi vida, espero que pasen muchos años, muchos meses, muchos días, muchas horas, porque ese sería el mejor regalo que me podría dar el destino.

CAPÍTULO 2

CUANDO YO NACÍ

Nací en un pueblo de la sierra madrileña, en un mes muy próximo al verano y en un año que no merece la pena recordar, soy la segunda hija de un joven matrimonio que estaban ilusionados con la venida al mundo de un varón, podéis imaginaros "la poca alegría" que expresaron cuando vieron mi identificación natural femenina, pero pasados los primeros momentos o quizás las primeras horas de mi vida, se dieron cuenta que ya no había solución por lo que comenzaron a decirme cosas bonitas y hacerme carantoñas.

De este susto que tuve nada más nacer yo no me entere de nada, lo sé porque desde pequeña me lo han contado infinidad de veces y en diferentes ocasiones, lo que me hacía pensar que era una hija adoptada, cosa que era imposible porque ni la situación económica ni familiar estaba organizada de tal manera que pudieran adoptar a ningún niño y criar a un bebe sin haberla traído al mundo, asi que me fui convenciendo de que este asunto no podía ser asi en nuestra joven familia, olvidándome en poco tiempo de este tema, cuando me di cuenta como mis padres me cuidaban y me querían sin tener en cuenta mi sexo.

Cuando vine al mundo mis padres ya se habían trasladado a la capital de España, mejor dicho, al pueblo de la Sierra madrileña donde nací y donde hicieron su hogar.

El día que yo nací, mis padres recordaban que llevaban tres años viviendo en Villalba, habían creado su hogar y ya por aquel entonces tenían una hija que se convirtió en mi hermana mayor.

Aprovechando que eran las fiestas de su pueblo, de Ávila, se fueron de vacaciones a su pueblo natal y durante una comida familiar, acompañados de muchos amigos, mi madre dio la noticia de su próxima maternidad.

Después de varios meses en los que mi madre engordaba demasiado llegó un día que le dijo a mi padre "no te vayas a trabajar, me encuentro mal, llama al practicante". Mi padre buscó al practicante, era el único sanitario que vivía en el pueblo, después de un buen rato sin presentarse en la casa llego el practicante para ayudar a mi madre en mi venida al mundo.

El practicante era un señor bajito, gordo con gafas, que siempre iba en moto, era el único sanitario del pueblo que atendía a las mamas cuando iban a tener un hijo. Mientras que llegaba el practicante con la moto rota como siempre y las manos sucias de carbonilla, mi padre y la abuela Sabina, que hacía dos días que había venido a nuestra casa, calentaban agua sin saber para qué.

De repente, empecé a notar mucho calor y agua a mi alrededor, sin saber nada de como nacemos los niños, me di cuenta de que la que estaba naciendo era yo, porque le decían a mi mama que apretara fuerte para que naciera él bebe… ¡soy yo la que estoy dentro de mi madre! ¿y cómo he llegado hasta allí?… ¿quién me ayuda? no entiendo nada… Qué ruidos.

Por un momento se dejó de oír ruidos raros y un bebe comenzó a llorar… era yo que había nacido. Me di cuenta de que era yo la niña que tenía que nacer, y la que lloraba con fuerza, por un momento todos llorábamos, creo que por cosas diferentes; mi madre por el esfuerzo, la abuela Sabina de emoción, mi padre preocupado por saber si era niño o niña, mi hermana porque nadie la hacía caso y yo porque sólo sabía llorar, entonces pensé:

— ¿Hasta este momento yo era fruto de la historia que el escritor nos quiere contar, pero quien ha escrito todo esto? ¿quizás una mujer con mucha imaginación que le gustaba leer la vida de los santos? ¿quizás es un sueño fantástico de alguien en sus noches de soledad?… Nunca lo sabremos, pero ahora ya he nacido, cuando sea mayor podré escribir sobre mi vida y la de mi familia.

— ¡Qué bien, he nacido! sentía frio, me acurruqué en los brazos de mi madre y soñé como sería mi vida, ya estoy en este mundo desconocido para mí, pero quiero aprender a ser una buena escritora de historias y leyendas.

CAPÍTULO 3

EL TREN

Con los pocos recursos que tenían mis padres, pero con la ilusión de comenzar su propia vida viviendo su amor en libertad, llegaron a Villalba en un tren procedente de Ávila, se hospedaron en la única pensión que había en el pueblo, muy cerca de la plaza donde se hacía el baile para festejar el día de Santiago Apóstol que es el patrón de Villalba.

La única pensión que había en el pueblo estaba regentada por una señora mayor vestida de negro y con tres gatos junto a ella, comiendo de un plato las sobras de la señora dueña de la pensión. Después de buscar durante varios días un lugar más acogedor donde vivir, encontraron una pequeña casa muy cerca de la estación de Renfe y sobre todo muy cerca de la línea de cercanías que con dirección a Ávila unen Madrid con la tierra de Santa Teresa.

Nuestra casa estaba separada de las vías del tren solamente por una valla de ladrillo rojo, construcción típica de las edificaciones de Renfe, además de ser pequeña tenía el problema que el ruido del tren era ensordecedor siempre, pero mucho más por las noches, mi madre llego a saber las horas del día y de la noche por el ruido de los trenes sin necesidad de tener el reloj a mano.

De este modo entre el pasar de los trenes, hacer las tareas de la casa y hacer amistad con otras señoras a la salida de misa se dio cuenta que el tiempo pasaba muy deprisa y justo en la primera celebración de su matrimonio y su vida en Villalba, nació una niña que luego me dijeron que era mi hermana, después me entere que fue una gran alegría para el barrio, el nacimiento de la hija de los nuevos vecinos ya que hacía más de cinco años que no había nacido ningún bebé.

Dado la buena noticia de la familia, mis padres se sintieron obligados a realizar un estupendo bautizo.

De este nacimiento no sé nada más porque yo en esa época no era ni siquiera un proyecto, simplemente no existía, pero seguramente que fueron muy felices con su hija y con la esperanza de tener más hijos y si fueran varones, mejor.

Aprovechando que la niña, mi hermana mayor, estaba muy guapa y simpática, hablando con lengua de trapo para que su papá le diera un poquito de su bocadillo que le guardaba todos los días, lo buscaba correteando por toda la casa y cuando aparecía el bocadillo era la mejor fiesta del día.

Cuando el verano estaba a punto de finalizar en Villalba, decidieron irse unos días de vacaciones al pueblo antes que llegaran los fríos a la tierra castellana, así que los dos, con la niña en brazos, tomaron el tren de las once y treinta cinco con destino a Ávila.

El viaje no era largo, pero si incómodo por los asientos de madera y el ruido característico del tren, aunque mi madre seguía siendo "una víctima" del ruido del tren, durante muchas ocasiones de mi vida recuerdo haberla oído decir sus verdaderos sentimientos hacia este medio de transporte, más o menos decía:

— Pero ahora el tren es mi mejor amigo porque me acerca a mis seres queridos.

En ese momento alguno de los niños de la casa decíamos,

— Mamá no te olvides del TREN ECONOMATO y del carbón de bola de Renfe.

— ¡Ah, es verdad! también son importantes la paga a papá a final de mes, también es necesaria.

Entre llantos de la niña y el ruido del tren llegaron a Ávila, allí les estaba esperando uno de los tres coches que había en el pueblo, que, sin ser taxis, hacían favores a los vecinos que tenían que venir a Ávila, a cambio de "su palabra" cuando los dueños de los coches necesitaran hacer algún trabajo en sus casas o en sus tierras, los que habían utilizado el "servicio de taxi" le ayudaban a ello.

En el pueblo se instalaron en casa de la abuela Sabina para que la niña estuviera más a gusto, también porque mi madre y su suegra se llevaban muy bien y estaban deseando contar las novedades que había en el pueblo la abuela y de su nueva vida mi madre.

La abuela Sabina siempre ha vivido en Salobral, el pueblo donde nació a 14 Km de Ávila, pero siempre ha tenido un aire de elegancia que la distinguía de las otras mujeres del pueblo, seguramente sería por el diseño de su ropa, que ella misma hacía, y el estilo que tenía para lucirlo.

En aquella época, rozando el año 1949, mis padres ya estaban instalados en Villalba que era una pequeña localidad dividida en dos zonas, la zona más antigua al norte estaba Villalba pueblo y la otra zona estaba en la parte más baja que había nacido por las industrias y comercios que proporcionaron riqueza y trabajo en el pueblo lo que hizo prosperar a Villalba mucho más que en otras localidades de la comarca.

Mientras se preparaba la cena, mi madre y mi abuela estaban hablando y poniéndose al día de las noticias más importantes en los dos pueblos donde vivían.

— ¿Sabe madre?, la casa que tenemos está muy cerca de la estación de Renfe y también está cerca el rio, porque allí tienen la costumbre de lavar la ropa en el rio en una zona que se llama "el charco de las Yeguas", este rio es muy importante por ser un afluente del rio Tajo que pasa por Villalba y llega hasta Portugal, se le conoce por el nombre de Rio Guadarrama, también tiene una zona para el baño donde los chicos y grandes se atreven a nadar en el verano y pasar un día en el campo disfrutando del buen tiempo de Villalba en esta época.

— Y tenéis tiendas de ultramarinos, iglesias, colegios.

— Si claro, la iglesia está en la misma calle que nuestra casa y muy cerca tiendas y consulta médica. Por medio de una amiga nos presentamos ante el párroco para poder bautizar a la niña. También hay y un colegio de monjas sólo para niñas.

— Sabes madre una cosa que me sorprendió de este pueblo es la sirena de MADE.

— ¿Qué es eso? –Preguntó la abuela.

— No es una sirena de los mares, es el toque de la fábrica de MADE para el cambio de turno de los trabajadores, sonaba seis veces al día todos los días del año, asi que entre los ruidos del tren y la sirena de MADE es un pueblo muy alegre.

Aunque la abuela escuchaba con interés las noticias del nuevo pueblo de sus hijos, mi madre se dio cuenta de que ella también tenía novedades que contar.

— ¿Bueno, por aquí como están las cosas que me puede contar usted?

— Pues ya sabes que aquí cuando ocurre algo nos enteramos todos y cada uno lo cuenta como quiere.

— ¿Te acuerdas de la hija soltera que tenía Isabel? pues de la noche a la mañana ha venido al pueblo con un hijo pequeñito y un marido.

— ¿Entonces se ha casado?

— Pues esa es la duda, se fue a trabajar a Ávila en la fábrica de costura hace escasamente un año y ya viene con el marido y el hijo.

— Pues sí que ha sido rápida ¿y su madre que dice?

— A mí me contó una historia un poco rara, que había nacido prematuro, pero terminó llorando, lo decía para proteger la honestidad de su hija y pidiendo que la guardara el secreto.

— También me dijo que querían hablar con el párroco para que le bautizaran un día por la mañana, sin darle demasiada importancia, al fin y al cabo, el niño no tiene ninguna culpa.

— Pues usted, no lo comente con nadie que todavía tiene hijas solteras y no sabemos lo que puede pasar.

Mi madre quiso quitar importancia al tema y sacó la conversación del cambio de cura, pero en su mente se reprodujo una situación que la sociedad en esos años no lo permitía. Me refiero a ser madre soltera, esa circunstancia era lo peor que podía pasar a una familia... este descalabro se intentó solucionar de tal manera que varios niños ya desde el momento de su nacimiento eran hijos de sus abuelas y hermano de su madre, esta situación trataba de" lavar" la imagen de la familia, pero no siempre se conseguía porque los embarazos son difíciles de ocultar y mucho mas en un pequeño pueblo como el nuestro. Unido a este problema, existía el rechazo social de sus jefes, las amenazas, despidos y todo tipo de situaciones negativas por las que tenían que pasar las chicas que se venían a trabajar a la capital para conseguir una vida mejor y se encontraban con esta difícil situación, lejos de su familia, con miedo a que se descubriera la realidad, sin saber qué hacer y con un embarazo no deseado.

Comentando este asunto con la abuela me explico que en Ávila existía un convento de monjas con un torno, donde las madres solteras dejaban a sus hijos y las religiosas se encargaban de buscar una familia de adopción para ellos.

— ¿Qué tal el nuevo párroco?

— Pues bien, pero es muy joven y además también es cura de otros pueblos. Don Celestino era otra cosa, menos mal que le mandaron a la capital antes que se muriera de frio, éste ya ha arreglado la casa y tiene una mujer mayor que le cuida, dice que es su tía… pero no sabemos nada más.

— Con todo esto que me cuentas tengo ganas de conocer vuestro pueblo, cuando haga bueno me podría ir con vosotros una temporada, dijo la abuela.

— Pues me parece estupendo, dígaselo a su hijo y para el próximo verano se viene con nosotros una temporada.

— Esta noche en la cena se lo contamos a ver qué dice.

— Pues estará encantado con usted en casa y esta noche habrá más sorpresas.

— Si ¿no me digas?... ¿de qué se trata?

— Ya lo verán todos.

Antes de anochecer se anunció la hora de la cena y comenzaron a llegar los invitados, unos por saludar a los visitantes y otros porque pasaban por allí, y tenían ganas de comer algo especial preparado por la abuela Sabina.

El primero en llegar fue el abuelo Mariano, que venía de jugar a las cartas del único bar que había en el pueblo, tan bien vestido como siempre, con su chaleco y reloj de bolsillo, el pelo muy bien engominado y peinado el bigote siempre igual. En muchas ocasiones decía la abuela con un cierto aire de enfado.

— Deberías pensar en tu trabajo y plantar los campos que están en barbecho y no arreglarte tanto, que vivimos en un pueblo, no en Madrid" también podéis ayudar un poco en la cocina y dejar los chistes para después.

Sabiendo lo bromista que es, esto servía para que fuera el eje del encuentro familiar. Al principio de la cena eran ocho personas y una niña los que pretendían comer el menú preparado por Sabina con la ayuda de su vecina Elisa, que también se apuntó a este encuentro familiar, con el mejor mantel y menaje de los domingos sirvieron sopa castellana, lomo, chorizo, jamón. morcilla de matanza y de postre magdalenas y café con leche.

Como es habitual en estos encuentros cada uno lleva el mejor guiso que han preparado en su casa para celebrar la cena esta noche y cuenta alguna de sus batallas con más o menos realidad, pero de todo lo que allí se dijo, lo que realmente era verdad fue la noticia del segundo embarazo de mi madre, dijeron que se estaba gestando en ella un nuevo miembro de la familia, La cena terminó demasiado tarde para las costumbres del pueblo y los que regresaban a sus casas veían como se entreabrían las ventanas y decir "buenas noches" cuando tenían que estar dormidos.

A la mañana siguiente ya todo el pueblo sabía que los hijos de Sabina y Mariano que viven en Villalba van a tener otro hijo y comenzaron las comparaciones, sabiendo la noticia del embarazo de mi madre, comenzaron las discusiones. Si es una niña, mejor que ayudan en casa y son más cariñosas, ya, pero si es niño nos puede sacar de este pueblo si fuera buen futbolista o torero... Total que cada uno tenía una idea diferente y todas podrían valer, pero difícilmente se hacen realidad.

CAPÍTULO 4

CONOCERME MEJOR

Fue pasando el tiempo. A los pocos años de nacer, mi madre comprendió que era una niña peculiar y un poco especial, porque comía poco, lloraba mucho y estaba delgadita, a consecuencia de eso me tenían muy consentida. Yo no me daba cuenta, pero creo que lo de consentida se lo debo a mi madre y a mi hermana, sobre todo cuando teníamos que ir al colegio, todas las mañanas me las pasaba llorando porque tenía un falso dolor de tripa.

En esa etapa de mi afición al llanto, llego el tercer hijo de la familia… por fin nació el niño de la casa, por fin llego el varón que tanto deseaba mi padre y la verdad que fue una satisfacción para mi madre, que dijo que con tres hijos ya era suficiente y de no ser este un varón quizás seriamos uno más.

Según iban pasando los años empecé a notar como se iba formando mi personalidad, mi carácter y sobre todo la capacidad de escribir que tenía, me di cuenta de lo muy observadora que era, la memoria fotografía que tenía me facilitaba mucho el contar historias, para mí fue muy bonito escribir mi primer cuento infantil con diez años, bueno y con alguna falta de ortografía, por lo que me quedé sin el segundo premio que había conseguido.

Comencé a comprender varias cosas importantes, una como se engendran los hijos, la ilusión del primer amor cuando no era amor en realidad, saber afrontar los fracasos, los errores cometidos, entender cuando te engañan, cuando te respetan y otra muy importante que ha marcado mi vida "que el día nueve de junio, es lo mismo, que el cuarenta de mayo", y ese día nací yo, aunque no existe en el calendario es costumbre de quitarse la ropa de invierno porque llegará pronto el verano.

La vida en la familia se iba organizando según los criterios de mi "madre y líder de la familia" ella tenía en su mente dos objetivitos a cumplir, uno la educación de sus hijos y el otro tener una casa propia y fue precisamente en el barrio de Pradillo Herrero donde con mucho esfuerzo económico construyeron su propia casa y entre todos creamos nuestro hogar, por aquel entonces ya éramos cinco y la abuela Sabina en los veranos.

La casa nueva tenía un largo pasillo con habitaciones y baño a cada lado y al final una sala grande que se utilizaba para las celebraciones familiares y sobre todo por las fiestas de navidad, al otro lado estaba una cocina grande donde siempre comíamos. Existen dos cosas que ahora me llaman la atención, una es que cada uno teníamos nuestro sitio en la mesa y cuando nuestros padres no asistían a las comidas, los hijos fuimos pasando a ocupar el puesto más importante de la mesa que se había quedado vacío. Y la otra cosa era que según íbamos creciendo los niños de la casa el pasillo parecía más pequeño, pero en realidad el pasillo siempre estuvo igual, solamente que los niños íbamos creciendo, son cosas que te das cuenta con el paso del tiempo.

Teníamos dos jardines, uno por delante con flores y un pozo y otro por detrás lleno de trastos y un bonito árbol en el centro, este árbol se cambió varias veces durante sus años de vida floral, justamente son los años que vivimos allí alguien de la saga familiar. Primero se plantó una higuera, luego una acacia y después, plantado por mí, el árbol del amor también llamado cercis.

Quien también se benefició de la nueva casa fue la abuela Sabina ya que como era más grande tenía habitación propia y estaba feliz cada vez que venía, que eran todos los veranos, para ella su vida en Villalba comenzaba en el mes de mayo y terminaba en octubre, el resto de tiempo lo pasaba en la calle Serrano 53 de Madrid, con su hija pequeña.

Allí disfrutaba mucho de los paseos por el retiro, viendo los escaparates de tiendas bonitas, pero poco asequible para su economía, siempre que veía alguna ropa que le gustaba la animábamos a que se lo comprara, pero siempre decía que mejor era comprar un ternero que daba leche.

La casa de Serrano era una bonita buhardilla, por las noches te dormías mirando las estrellas y te despertabas con las noticias de la radio y el olor del pan tostado para el desayuno.

CAPÍTULO 5

ASI ES MI PUEBLO

Cómo era Collado Villalba cuando llegaron mis padres a vivir aquí. En mi época de investigadora y recurriendo a los recuerdos que me contaba mi madre en las noches que yo no quería dormir, tengo conocimientos para contar cómo era Villalba en esa época

Creo que es importante situar la historia de mis recuerdos en el entorno real del lugar donde se desarrollaron, la situación de los acontecimientos que forman parte de mi vida. Unos los he vivido personalmente y otros me los han contado diferentes familiares que si lo habían vivido y han tenido capacidad de almacenar recuerdos y que les gusta compartir con otras personas.

Nos situamos en los años 1948-50 fue cuando mis padres se censaron en Villalba, eran unos 85 o 90 personas las que vivían en este pueblo y estaba dividido en dos zonas en una estaba el Ayuntamiento y la otra zona se había formado alrededor de las instalaciones de Renfe y las incipientes industrias que iban surgiendo.

En una fase de mi vida me entró la inquietud de saber cómo había sido mi pueblo antes de conocerlo, creo que el motivo de esta inquietud se debe a que me di cuenta de que gran parte de las personas de mi entorno sabían muy bien la historia del pueblo de sus padres y yo desconocía mi pueblo, asi que cada tarde que podía me iba a la biblioteca a leer y tomar apuntes de las cosas más destacadas de Collado Villalba para mis recuerdos.

Muy gratamente me sorprendió la bonita historia de su creación que espero que sea capaz de trasmitirlo.

Mi primer descubrimiento fue que Collado Villalba se creó a finales del siglo XIX durante la regencia de María Cristina de Borbón Dos Sicilias, por ser menor de edad su hija Isabel II. Se aprovechó la división provincial que se estaba llevando a cabo y se modificaron algunas divisiones territoriales, con esta restructuración mi pueblo quedo incluido en la provincia de Madrid, anteriormente pertenecía a Segovia.

Posteriormente se produce la segregación de la pedanía de Alpedrete del Ayuntamiento de Collado Villalba, con esos ajustes territoriales, Alpedrete pasa a ser un municipio de Madrid y los Villalbinos seguimos perteneciendo a la provincia de Madrid, pero pasamos a pertenecer al partido judicial de Colmenar Viejo, que también era provincia de Madrid. En algunas publicaciones de la época, se hablaba de que esta modificación provincial, se debía a que había muchos intereses creados para que la capital de España tuviera una estación de esquí, concretamente en el puerto de Navacerrada que también era de la provincia de Madrid.

En esta época, Villalba ya tenía un bonito edificio de piedra de granito de las canteras de la zona donde estaba ubicada la Casa Consistorial. Al lado del edificio del Ayuntamiento, se encontraba la piedra del Concejo donde se reunían los políticos de

Villalba con los de los pueblos colindantes para tratar temas que eran de interés general para la comarca.

Hace muchos años, en una limpieza de la escalinata que componen la piedra del Concejo, apareció el símbolo de una paloma grabada en la piedra y el Ayuntamiento de Villalba lo convirtió en el emblema del pueblo. En esa época también tenían una cárcel que frecuentemente estaba ocupada por los villanos y maleantes que se refugiaban en las montañas, después de molestar, robar o pegar al primero que pasaba por su lado.

En el margen del rio Guadarrama, que recorre todo el pueblo, existía una zona de huertas y sembrados que producían verduras, hortalizas, frutas, trigo, cebada, etc próximo a esta zona de labranza había un molino harinero donde cada vecino llevaba el fruto de su plantación para hacerlo harina o el producto elaborado que había producido su explotación agraria. El dueño del molino no cobraba nada por el trabajo realizado, pero se quedaban con un porcentaje del producto. Esta forma de trabajar creó muchos problemas y desapareció pronto. Tengo un recuerdo que, siendo muy jovencita, íbamos con las amigas a coger fruta de las huertas y siempre entrabamos a la misma, un día se me ocurre preguntar "Por qué siempre vamos a la misma huerta?" y una de las amigas muy contenta me dice:

— Porque es de mi abuelo y asi no nos regaña ni nos tira piedras.

"Ah… quedé muy sorprendida de que estaba tan contenta por coger las frutas de la huerta de su abuelo, pero como todas lo hacen igual, no podía ser yo la nota discordante, asi que cuando nos sentamos a comerlas, todo ese comportamiento se me olvidó por completo porque los frutos cogidos estaban muy buenos, asi que seguimos yendo sicmpre a estas huertas."

Collado Villalba está ubicado en la parte baja del valle del Cerro Telégrafos y comparte frontera con Moralzarzal, Alpedrete, Becerril de la Sierra y Collado Mediano.

En este Cerro existe la peculiaridad de estar compartido con diferentes pueblos y en cada vertiente se le llama de forma diferente, creo que esto se debe a las múltiples discusiones entre los ediles de cada pueblo, para nombrarse propietario único del cerro, cosa que nunca ocurrió y cada vertiente del cerro tiene un nombre diferente, Villalba se llama Cerro Telégrafos y en Alpedrete Cerro del Cañal... En lo más alto del cerro existe una torre medio derruida que formaba parte de un sistema de trasmisión de mensajes mediante el telégrafo óptico. Este sistema de comunicación estaba compuesto por varias torres con una distancia entre ellas de 2.5 leguas (1 legua =4800 metros aproximadamente) por medio de una pieza móvil y con otra fija pasaban las señales de torre en torre y se descifraba cuando llegaba al destino final por medio de códigos, este sistema se utilizó durante la guerra civil de España.

El Cerro de Telégrafos en la actualidad y por todas sus vertientes, se ha convertido en una zona del Parque Nacional de la Sierra de Guadarrama y existen rutas ecológicas para hacer senderismo y otros deportes vinculados a la ecología.

Existe una leyenda que nunca se supo la verdad, pero un vecino del barrio de Pradillo Herrero aseguró que se lo había vendido a unos extranjeros que venían a España a crear riqueza invirtiendo en un gran negocio, pero, según dicen, la operación fracaso por culpa del alcalde del municipio de Villalba.

Coincidiendo con la puesta en marcha de la línea de ferrocarriles con apeadero en Villalba, los madrileños que disponían de posibilidades económicas se convirtieron en los primeros veraneantes que venían a disfrutar de esta localidad serrana, bien alquilando casas o construyendo su residencia de verano, para huir de los calores de la capital.

Esta circunstancia hizo posible el rápido crecimiento comercial del pueblo y disponer de mucha más población que los otros municipios de la comarca en los meses de verano.

Existieron también otros factores que influyeron positivamente en el crecimiento de Villalba, que en menos de 30 años paso de ser un pueblo de ganaderos y agricultores a ser un prometedor centro de trabajo, con varias empresas que ofrecían empleo a las familias que venían de otras provincias de España, que eran más pequeñas y con menos posibilidades.

El empleo estable de la sociedad de MADE, la línea de Renfe y los empleados dedicados a la construcción de la autopista AP VI hicieron posible el crecimiento tan espectacular en tan poco tiempo. Con la consolidación del empleo y la mejor accesibilidad del área metropolitana con la capital provocó un aumento importante de la construcción de viviendas de carácter permanente. De este modo, Villalba acoge gran parte de los emigrantes que llegaban a Madrid procedente de otras provincias, que de un modo u otro se quedaron siempre a vivir en esta zona creándose de este modo los diferentes barrios de Vilalba.

Entre los años 65 a 70 se produce en Villalba la creación de urbanizaciones, viviendas particulares y la creación de diferentes barrios y al inicio del año 1961 toda la familia nos fuimos a vivir a uno de estos nuevos barrios, concretamente a Pradillo Herrero, que hoy es el centro del pueblo.

Recuerdo que la mudanza se hizo con la ayuda de los nuevos vecinos y algún familiar que se ofreció. Cuando pasamos el puente del rio Guadarrama, se acababan las casas, todo lo que mi vista llegaba a ver es un campo inmenso con grandes árboles que con el viento se movían y hacían un ruido poco acogedor y me daba miedo, agarrada a la mano de mi madre y sujetándome el gorro con la otra mano, la dije:

— ¿Mama dónde vamos, el pueblo se acaba y no llegamos a la casa nueva?, tengo miedo.

— No te preocupes ya estamos cerca es que hoy hace frio y mucho aire, no te separes de mí, dame la mano.

Al poco rato llegamos a nuestra nueva casa y me sentir protegida y feliz y otra vez a comenzar una nueva vida. Éramos la segunda familia que nos veníamos a vivir a este barrio nuevo, todos los padres trabajaban en la Renfe, compraron una parcela grande y la segregaron en cuatro y cada familia se construyó su casa, gracias a las ayudas económicas que ofrecía el Ministerio de la Vivienda si cumplían unos requisitos importantes, como tener un salario fijo en una empresa segura como era "la Renfe".

Allí comenzamos una nueva vida en una casa propia y con más comodidades, como agua corriente, calefacción central y un bonito jardín que mi madre cuidaba con mucho cariño.

Al entrar en el jardín sentí el agradable olor a las plantas, rosas y geranios que ya había plantado mi madre.

Actualmente nuestra casa familiar se ha convertido en el centro de la localidad, donde están las tiendas de moda. Restaurantes cines, etc. y por donde casi todas las mañanas paseamos la abuela Sabina y yo.

CAPÍTULO 6

MIS MAÑANAS CON SABINA

Mi infancia fue pasando entre risas, llantos y pataletas... pero en mi juventud he pretendido disfrutar del tiempo que perdí con mi afición a quejarme de todo, debo reconocer que cuando más contenta me ponía era cuando venía doña Sabina como la llamaban las vecinas del barrio, era mi abuela y venia todos los veranos, para ella los hacían mucho más largos. Su vida en Villalba era desde mayo a octubre y el resto del año en Madrid. La casa de Madrid era una buhardilla muy pequeña, pero muy acogedora, te acostabas viendo y contando las estrellas y te despertabas oliendo las tostadas de pan con mantequilla.

Cada mañana después del desayuno nos íbamos a andar por el pueblo y aprovechábamos a comprar las cosas que más nos gustaban; colonia de señora mayor, que no dejaba que nadie la usara, solamente a mí, lo que provocaba discusiones con mi hermana, frutas que nos comíamos durante el paseo y si pasábamos cerca de la iglesia entrábamos a rezar un poco. Me supongo que yo no rezaría mucho, pero me gustaba disfrutar del olor a incienso y de la sensación de tranquilidad que se respira alli.

El primer recuerdo que tengo de mi abuela es cuando yo tenía cuatro o cinco años, me fui con ella a la casa de Serrano, que asi la llamábamos todos, a pasar unos días, pero entre llantos, dolores y no querer comer, resistí un día y medio ya que tuvo que ir mi padre a recogerme porque peligraba mi vida. Desde entonces nunca más se me ocurrió decir que quería ir a Madrid y por supuesto que tampoco nadie me invitó a que fuera otra vez.

Antes de nada, quiero decir a los lectores que hayan leído hasta aquí que en este capítulo cuando leáis "Sabina o doña Sabina" me refiero a la matriarca de la familia, una gran persona que se puso el mundo por montera para cumplir sus deseos y los de su familia.

En esa época mi abuela tenía el pelo largo de su color natural, castaño con reflejos de color rojizo y con rizos muy bonitos, casi siempre se hacía un moño tipo italiano y se pintaba los labios de rojo, su colonia favorita era "agua de rosas" y siempre lo identifico ese olor con mi abuela. Toda la familia y los vecinos del pueblo sabían de su valor por viajar hasta Argentina para cuidar y traerse a su marido, pero estoy segura de que nadie sabe la realidad de su vida durante esos años que mis abuelos vivieron en ese país, los problemas que tuvieron que afrontar, acompañados de miedos y dudas que les tocó vivir.

Desde hacía mucho tiempo, la abuela Sabina me había prometido contarme la historia de su viaje a Argentina cuando ella considerase oportuno y un día de ese caluroso verano me armé de valor y con voz de persona importante. Le dije:

— A ver doña Sabina ¿cuándo me va a contar usted su historia de Argentina? soy la mejor escritora que conoce y quiero saber cosas de su vida, abuela ¿será hoy ese día que llevo tanto tiempo esperando?

Su cara con el gesto fuerte y valiente que siempre ha tenido se trasformó en un gesto de preocupación y con voz insegura me dijo.

— Sabes muy bien que eres mi nieta preferida, quizás por tu carácter y porque siempre estás contenta conmigo y hoy puede ser tu gran día, te voy a contar lo que tanto deseas, pero me tienes que prometer una cosa muy importante. ¿Sabes qué es?

— Si abuela, creo que si… Que no se lo cuente a nadie ni lo escriba en ningún libro hasta que pase mucho tiempo, solamente lo podrás publicar cuando mi generación y la de mis hijos hayan finalizado el último viaje de su vida en este mundo ¿lo comprendes y me lo prometes?

— Abuela sabes que sí, lo que tú quieras lo cumpliré con todo cariño y respeto por tu vida y la de nuestra familia.

Cuando miré la cara de Doña Sabina vi un brillo especial en sus ojos y unas lágrimas mojaban su rostro, nos abrazamos y lloramos las dos como sello del compromiso pactado.

— Gracias abuela… te quiero mucho.

— Y yo a ti "mi niña".

— Ya tenemos que volver a casa que se ha hecho tarde, mañana prepara papel y lápiz y nos vamos al parque donde está el paseo de rosas a la orilla del rio ¿te parece bien?

Esa noche tarde mucho en dormirme… tenía dudas de que la abuela pudiera recordar tantas anécdotas y circunstancias vividas en todos los años que estuvieron fuera de España, con esos pensamientos me quede dormida y a la mañana siguiente vería cumplido mi gran sueño, por fin sabré la parte secreta de la vida de mis abuelos en tierras americanas, que no debieron ser nada fáciles.

Este capítulo contiene gran parte de las cosas vividas en Buenos Aires que la abuela Sabina me contó cada mañana, de ahí procede su título, otros lugares de esta historia "casi real" se desarrollaron en Madrid y Ávila.

Varias veces me preguntaba si mi abuela se acordaría de todo este capítulo de su vida y me sorprendió gratamente porque, sin ninguna duda, comenzó colocando su historia en el año que la emigración al nuevo continente era muy intensa. En la familia de mi abuela, ya tenían un candidato a embarcarse lo antes posible para "hacer las Américas" como se llamó a esta emigración masiva de personas de la vieja Europa al nuevo continente americano.

— ¿A ver niña estas preparada?

— Si, si… doña Sabina, soy toda oídos.

— Recuerda, soy tu abuela y por eso estamos aquí "trabajando", lo de llamarme, doña… se queda para las vecinas y amigas de Villalba.

— De acuerdo abuela… ¿comenzamos?

Tu no recuerdas al abuelo Mariano porque murió antes de nacer tú, pero era un señor muy guapo, con bigote, elegante y divertido que traía locas a las chicas de su pueblo y de los alrededores. Por tema de trabajo de sus padres, siendo él jovencito, se fueron a vivir a mi pueblo y allí comienza mi historia de amor, mejor dicho, nuestra historia de amor, que unas veces ha trascurrido por buenos caminos y senderos y en otras ocasiones los senderos se convertían en verdaderos pedregales por los que era difícil caminar, de todas formas, creo que hemos sabido sortear las dificultades y disfrutar en los buenos tiempos vividos que nos ha puesto el destino.

Siendo muy jóvenes nos casamos muy enamorados jurándonos amor toda la vida, y así fue, yo nunca deje de quererle, aunque nos separaran muchos kilómetros y aunque la historia de la vida parezca diferente, estoy segura de que mi marido nunca ha dejado de quererme. Nuestros sentimientos siempre han estado claros y hemos sabido ser felices, aún en los momentos más complicados de nuestra convivencia, cuando todo se ponía en contra de las situaciones más normales y cotidianas de cada día.

Éramos muy felices y pronto empezaron a llegar los primeros hijos, al final de nuestra historia de amor nacieron ocho hijos, pocos años antes de finalizar mi viaje por este mundo, pude comprobar que cada uno había sabido buscar su destino, habían elegido su compañera o compañero de viaje y sentí, muy gratamente una sensación de felicidad y gratitud con el destino de cada uno de mis hijos.

En ese momento pensé "creo que mi destino final está cerca".

— Abuela el destino llega cuando menos lo esperamos es como nuestro guion de la película que es la vida de cada persona.

CAPÍTULO 7

DESTINO: BUENOS AIRES

Entre los años 1920/1930 España estaba sumergida en una crisis general a todos los niveles, social, política, laboral y económica, lo que hacía muy difícil mantener la familia viviendo dignamente. Por otro lado, llegaban noticias de que en América se necesitaba muchos trabajadores, que existían convenios para facilitar la emigración y tratar de repoblar las grandes extensiones de tierra que estaban pendientes de su explotación agrícola, ganadera y grandes industrias mineras.

Mi abuela respiro hondo y comenzó a contarme su historia americana, pero de repente dejo de hablar y me dijo:

— Nena, mejor seguimos otro día, hoy me siento un poco triste y no será bueno recordar estas historias… ¿Te parece bien?

— Si abuela como tú quieras, estoy contigo todo el verano y tendremos tiempo de sobra para escribir tus recuerdos. Lo que tenemos que hacer es recordar todo muy bien para que el lector viva esta historia como si fuera la suya propia, con el mismo entusiasmo y sentimiento que la vivimos nosotras.

— Bueno pues toma nota para que te cuente un disgusto que ocurrió en un pueblo cercano al nuestro.

— Tomo nota.

A la mañana siguiente, la abuela se levantó más pronto que lo habitual, llamó a la puerta de nuestra habitación para despertarme, pero se encontró con la sorpresa que ya estaba arreglada para iniciar nuestra mañana de trabajo.

— Abuela ¿para qué has madrugado tanto?

— No quería que se me olvidaran los recuerdos preparados para el trabajo de hoy.

— Muy bien, pues empezamos cuando tú quieras.

— Pues adelante, comienza a escuchar y escribe, la abuela se concentró con los ojos cerrados y me contó…

Como casi todas las noches después de la cena, en el hogar de mis abuelos reinaba el silencio, aunque estaban hablando bajito sobre un tema muy importante, en muchos momentos el silencio se hacía dueño de la situación en esta sobremesa, este silencio que tanto daño hace se interpuso entre los abuelos con ganas de complicar más la situación.

— ¿Sabes que el primo Cesario ya se va pronto a América?

— Sí, es el comentario más importante del pueblo y sus alrededores, creo que ya lo saben hasta sus amigos de Ávila que han intentado quitarle la idea de la cabeza, pero parece que no ha sido posible.

— Yo quiero probar suerte e irme allí unos años a ganar dinero y comprar aquí una ganadería de vacas, lo que tenemos ahora no es suficiente para una familia como la nuestra.

— Mariano, esto no es posible, el viaje es muy largo y caro. No tenemos dinero, además me quedo sola con los dos niños y que va a ser de mí, sin que nadie traiga dinero a casa y cuidar de los animales que vendemos los viernes en el mercado… yo no puedo hacer todo.

— He comentado a mi hermano Pedro si nos ayuda en este proyecto ha dicho que para ti y nuestros hijos no os faltara de nada.

— Y para el viaje ¿cómo piensas hacerlo? esto es una locura dijo la abuela Sabina, ¿vendemos las vacas y qué comemos?

Con lágrimas en los ojos salió de la sala dejando al abuelo con su idea cada día más firme de hacer las Américas. De camino a la otra sala donde dormían los niños, se oía repetir a la abuela.

— No quiero estar sola, quiero estar contigo.

— Nunca estarás sola, tienes aquí a tu madre, a la mía y a mis hermanos que algo te podrán ayudar, murmuró el abuelo.

— Con tus hermanos sólo se puede contar con Pedro, porque es el único que tiene dinero y tu hermana sólo hace bollos en el convento, porque desde allí no se entera de nada y además tiene voto de pobreza y todos sus ingresos son para la comunidad de las monjas del convento.

Así terminó una de las muchas conversaciones sobre el tema del viaje a América del señor Mariano, marido de la señora Sabina que os presento como los protagonistas de esta historia.

Eran muchas las veces que se hablaba de "las Américas" en casa de los abuelos, pero al final de la conversación, cada uno de ellos tenía tomada su decisión, el abuelo irse a Argentina y la abuela ir a buscarle, aunque fuera al fin del mundo.

Casi todas las noches el tema de conversación era el viaje a América y todos los proyectos de vida que tenían, giraban en torno a irse a Argentina. Por aquel entonces la abuela Sabina ya se había convencido de que su marido, más pronto o más tarde cruzaba el océano para cumplir sus sueños. Mariano también tenía claro la decisión tomada de irse a Argentina para cumplir su sueño y volver rico, pero en sus pensamientos fluía la necesidad de salir del pueblo y conocer otro mundo.

Con un poco de preocupación y sabiendo la posible contestación de su mujer, el abuelo se atrevió a decirla.

— Sabina, mañana nos vamos Cesáreo y yo a Ávila para enterarnos bien de los tramites a realizar y a arreglar los papeles, ¿tengo el traje preparado?

La abuela no pudo contestar porque las lágrimas ocultaron su voz, pero el traje estaba preparado encima del perchero.

— Gracias mujer, ya verás como todo sale bien, confía en mí una vez más.

Sabiendo la abuela las ideas de posibles negocios que tenía su marido, no pudo por menos que recordar con cierta sonrisa.

En una ocasión, decidió plantar en el campo donde estaban los palomares, una hectárea de girasoles, porque tenían ayudas oficiales. El resultado fue tan negativo que ni siquiera los pájaros no podían levantar el vuelo después de comerse las pipas, se creía que iba a ser el mejor negocio del mundo y al final terminó regalando a todos los del pueblo las pocas pipas que se salvaron.

Esa mañana en el primer y único coche de línea que pasaba por el pueblo y hacía su correspondiente parada en la fonda de la tía Julia, montaron tres personas llenas de ilusión porque pronto se haría realidad su sueño de juventud.

En la capital, la parada del coche de línea quedaba bastante lejos de las oficinas de la Diputación Provincial de Ávila, las habían preparado para gestionar el tema de la emigración de los hombres y mujeres que se querían informar de los tramites a seguir para registrarse como posible emigrante con destino a América, todos ellos con el firme propósito de cumplir su sueño y volver a España con su familia y el porvenir solucionado.

En aquella época no se disponía de estudios estadísticos para saber quién cumplió sus sueños y quien se quedó en el camino, pero no todo fue tan maravilloso como lo contaron y no fueron tantos los que volvieron ricos, pero si muchos los que perdieron la felicidad de su familia, porque nunca regresaron a España.

Las colas de espera eran interminables, pero un poco antes del mediodía, les atendieron y aclararon sus dudas.

Los tres amigos, el otro en cuestión era un vecino del pueblo que se llama Rufino que se unió a ellos para esta aventura, salieron de la Diputación y se dirigieron a las oficinas de la Naviera Transatlántica que era una de las más importantes que surcaba los mares camino de la tierra soñada por muchísimas personas de Europa, que buscaban vida mejor en otro continente, en otro mundo muy lejano y diferente pero, les parecía que este proyecto laboral y familiar un tanto arriesgado, era lo mejor que les podía pasar.

Llegaron al pueblo felices porque los trámites a realizan eran relativamente fáciles; una vez inscritos en el registro de viajeros emigrantes ya les adjudicaban el país donde viajar, la comarca donde tendrían que vivir, un posible trabajo y una dirección postal con número de teléfono para su primer contacto.

La ilusión del abuelo iba creciendo al mismo tiempo que las lágrimas de la abuela corrían por sus mejillas.

— Sabina, no llores sabes que te quiero y esto es lo mejor que tenemos para nuestra familia. Aquí no hay nada, ni trabajo ni dinero y nunca saldremos adelante, por favor confía en mí y serás la esposa más rica del pueblo.

— Eso es lo que te piensas, pero la realidad puede que sea todo lo contrario.

— ¿Qué contrario?

— Sabes que eso nunca ocurrirá, tú eres lo mejor que tengo en mi vida.

— Déjalo ya … vamos a cenar.

Desde ese día en casa de los abuelos no se habló más de América, pasaron muchos meses hasta que recibieron toda una carta procedente de la oficina de emigración, el contenido estaba claro; eran los permisos, billetes, pasaporte y todo lo necesario para que embarcaran en el puerto de Vigo el día que se indicaba en los documentos, allí surgió la alegría para unos y la tristeza para otros.

Todo esto ocurrió en los últimos meses del año 1911, llego el momento de emprender un largo viaje para cumplir este sueño de juventud.

Era la madrugada de un día que marco su destino, Pedro, su hermano les llevaba a la estación de Renfe para coger el tren con destino a la ciudad de Vigo, para desde allí embarcar en el transatlántico llamado P. de Satrustegui un día del mes de octubre de 1911, este barco pertenecía a una de las pocas compañías marítimas que viajaban hasta América, casi todos los pasajeros eran emigrantes que viajaban con la ilusión de iniciar una nueva vida con un futuro incierto, pero con un equipaje lleno de ilusiones y proyectos nuevos, con un gran problema que en ese momento no lo pensaban "la distancia que los separaba de las familias".

Llegó el día esperado, uno lo vivió con la alegría de iniciar una nueva vida, soñando que se harían ricos a los tres meses de llegar y otra lo vivió con la sensación de soledad, tristeza, abandono y ganas de llorar todo el día.

Después de pasar toda la noche entre besos, llantos y muestras de amor profundo sabiendo los dos que pasaría mucho tiempo, quizás años, para que se repitieran estos momentos de amor y sexo. Mirándose a los ojos llego el momento de la despedida y se juraban amor eterno, mientras su hermano Pedro estaba esperando con la paciencia de un santo para a ver a su hermano salir por la puerta de su casa, allí se quedaba Sabina llorando sin consuelo, sola y con dos hijos pequeños y sabiendo que pasaría mucho tiempo sin saber nada de su marido.

— Sabina sabes que te quiero y volveré cuando gane mucho dinero, no llores, te escribiré todos los días.

— Aquí las cartas no llegan y además América está muy lejos, Mariano sabes que te esperaré, pero como no vengas iré a buscarte.

Estas fueron las últimas palabras que en este frio amanecer se oyeron en la puerta de la casa de este joven matrimonio que sus caminos se distanciaba por el interés de probar fortuna, convertirse en emigrantes en tierras lejanas a miles de kilómetros de su familia y de sus raíces.

Cuatro días después de salir del pueblo embarcaron en el barco P. Satrustegui con destino a Buenos Aires, esto ocurrió el día 24 de octubre de 1911, ese verano el abuelo Mariano había cumplido 28 años.

La abuela lloró hasta bien entrado el día y entre su madre y los niños se le fue pasando este disgusto de cara al exterior, pero poniendo en juego su valor se prometió a sí misma que "si mi marido no viene, cojo a mis hijos y me voy a buscarle".

Esa promesa hecha a sí misma no se lo dijo a nadie, pero siempre fue la llama que la iba manteniendo viva con la firme decisión que este proyecto de América no la iba a dejar sin el amor de su marido.

El tiempo que duro el viaje de los tres amigos del pueblo y muchos más emigrantes no sabemos mucho, sólo que tardaron 15 días en llegar, que la comida de matanza y pan que le había preparado se terminó antes de llegar a tierra, que pasaron frio y sobrevivieron a grandes tormentas, que dormían en la bodega del barco y por el día podían subir a cubierta si el tiempo lo permitía, que varias personas cogieron enfermedades y no llegaron nunca a tierra firme.

Cuando desembarcaron en el puerto de Buenos Aires, Mariano respiro hondo y dijo a sus compañeros de viaje.

— "Muchachos ya estamos en Argentina, aquí empieza nuestra nueva vida, tener los ojos bien abiertos para observar y aprender" y sobre todo respetar y agradecer a esta tierra que nos va a acoger. Una cosa muy importante, no os olvidéis que vuestra familia está en España esperando que no nos olvidemos de ellas y el dinero que ganemos se lo debemos enviar lo antes posible.

Al bajar del barco, les esperaba un representante de la embajada española en Argentina que les condujo hasta la oficina de emigración donde pasaron un día y una noche a la espera de ser ubicados en su lugar de destino, que tenían como provisional en la documentación entregada en España.

Con este asunto surgieron graves desacuerdos y quejas porque en muchos casos no coincidía la primera información con la realidad del destino definitivo. El abuelo tuvo suerte porque su destino era el mismo y su trabajo estaba muy bien identificado con su carácter ya que consistía en ser el vigilante de un bloque de viviendas de familias adineradas situado en el centro de Buenos Aires, muy cerca de la avenida de 9 de julio que es la más ancha del mundo con 12 carriles de circulación.

Esto incluía disponer de una casa en el mismo bloque que tenía la entrada por la calle Viamonte para los propietarios de las viviendas con un portal muy lujoso y por una calle posterior estaba la entrada para los trabajadores y personal de servicios del bloque. El trabajo del abuelo, que lo compartía con el compañero de trabajo que realizaba el otro turno de vigilancia y cuidado del edificio, se identificaba mucho con el. Además del cuidado del edificio ayudaban a los vecinos realizando otros trabajos y arreglos que lo consideraban un favor y algunas veces era retribuido.

Todo esto y algunas cosas más están escritas en las cartas que mando mi marido, que tardaban en llegar unos diez o quince días, pero la ilusión de recibirlas era más importante que la noticia fuera muy atrasada.

En estas cartas también nos contaba como era la ciudad de Buenos Aires y en una ocasión me mando una foto suya donde estaba como siempre, su cara era de felicidad, su presencia imponente y bien vestido con el único traje que tenía y se lo llevo de aquí.

CAPÍTULO 8

TRABAJO Y CASA

Cuando llego su turno presentó todos los documentos que eran necesarios para legalizar su permiso de residencia en el país, su permiso de trabajo que eran imprescindible para poder estar y trabajar como emigrante procedente de España.

Tuvo suerte y pronto se acostumbró a este tipo de trabajo y a convivir con el nuevo compañero de casa y trabajo, que era también de España procedente de la zona de Andalucía.

Con las explicaciones que de vez en cuando nos mandaba el abuelo en sus cartas comencé a comprender muchas cosas de su vida en este país que, por supuesto a él le gustaban mucho, estar en una zona bonita con cafeterías, tiendas, cines, teatros y varios parques para pasear y disfrutar del tiempo libre que su trabajo le dejaba.

— Esto lo sé porque me lo contó en la primera carta que recibí desde Buenos Aires. Tengo guardadas las cartas desde hace muchos años, todavía de vez en cuando saco alguna y la leo recordando esta historia que es la vida de mi familia.

— ¿Abuela, habrás sido capaz de cuidar esas cartas todos estos años? ¿Me dejarás leerlas?

— Todas no las tengo, pero muchas sí, que te las dejaré algún día quizás para siempre…

Desde que comenzamos a "trabajar" en este asunto habían pasado muchas horas y noté que la abuela estaba algo cansada por el esfuerzo de recordar y por el sentimiento de los recuerdos, asi que lo dejamos aquí y nos fuimos para casa.

Al salir del parque del rio donde habíamos estado sentadas, ella recordando sus recuerdos y yo escribiendo lo más rápido posible, me dijo con una gran satisfacción.

— Qué bonita es esta zona de Villalba y que bien huelen las rosas en esta época, me recuerda a la casa que mi marido tenía en Buenos Aires donde había unos rosales muy parecidos a estos ¡¡¡Qué recuerdos!!!

— Abuela algún día iré a Argentina y buscare el lugar donde estuvisteis viviendo unos años ¿serías capaz de venirte conmigo?

— Yo me voy contigo donde el destino nos lleve, pero no creo que mi cuerpo lo resista, asi que mejor me quedo en España que es mi tierra.

— En Argentina ya dejé muchos momentos difíciles, que los pagué con muchas lágrimas y sacrificios, también tengo recuerdos felices, muchas ilusiones y muchos años de mi vida intentando volver a mi país con mi familia y con dinero, pero no todo esto se cumplió, porque, aunque tengo mucho carácter y fortaleza, cuando estás fuera de tu entorno, sin tu gente, el destino te juega alguna que otra mala pasada y a nosotros nos pasó más de un problema que con gran esfuerzo solucionamos.

CAPÍTULO 9

VIAJE A ARGENTINA

Han pasado muchos meses en los que no he podido seguir contando esta bonita historia por falta de tiempo y motivación por mi parte, y por los problemas de salud de la abuela, pero las dos hemos decidido seguir con este proyecto porque nos gusta terminar todo lo empezado.

Así que aquí estamos, después de este descanso obligado, con muchas ganas de seguir contando la vida de mis abuelos o de cualquier pareja de emigrantes, para aprender a conocerlos mejor.

Con los recuerdos que la abuela me contó, las fechas que mi madre recordaba y, por supuesto haciendo uso de mi memoria creativa, creo que lo conseguiremos.

El siguiente día que nos pusimos a trabajar ya lo hicimos en la terraza de la casa familiar porque la abuela no quiso pasear para no gastar las pocas fuerzas que la quedaban y casi mejor ya que fue cuando me entregó una caja de metal con muchas cartas procedentes de Argentina.

— Abuela qué de cartas tienes.

— Sí son muchas, pero más son las veces que las he leído y releído.

— ¿Podré utilizar alguna para mi libro?

— Si cumples tu promesa sí que puedes, porque hoy es tu cumpleaños y este es mi regalo.

— Es verdad hoy es cuarenta de mayo ¡¡Sabes que lo cumpliré!! gracias, Doña Sabina.

— No soy doña Sabina, soy tu abuela…

— Era una broma abuela, pero sí que eres una gran señora y una estupenda persona. Te quiero.

— Entre todas estas cartas existe una que está atada con un lazo rojo, que no quiero que se lo quites hasta que yo camine hacia mi última morada, entonces, dedicas un tiempo a leerla. Y procurando que nadie te vea, pónmela entre mis manos antes de decirme adiós para siempre.

— ¿Qué pone en esa carta?

— Ya te lo contare en otra ocasión.

Nunca un regalo me había hecho tanta ilusión como éste, ya no porque fuera de mi abuela, que también, si no por la cantidad de información, recuerdos, sentimientos, que en esa caja de latón con unas flores pintadas descansaban todos los recuerdos de su vida, en realidad, era su historia y la de su familia, lo que me llena de orgullo por pertenecer a ella en varias generaciones posteriores.

Habían pasado ya más de cuatro años desde que se fueron a buscar fortuna y ninguno de los que se fueron del pueblo lo habían conseguido, por esas fechas, desde Buenos Aires llego la noticia, en una de las cartas que su amigo Cesáreo mandó a su familia, decía que "Mariano había caído enfermo y que allí era muy difícil curarse por el coste de los hospitales y los medicamentos, además, por otras cosas que nadie comentó, aseguraba que Mariano tiene problemas graves de otra índole.

Esa noticia unida a la actitud de la mujer de Cesario, que la dijo con un tono ofensivo y cierta risa sarcástica, que el otro problema estaba relacionado con una mujer. Esas noticias y que la abuela estaba muy preocupada por su relación familiar con tantos kilómetros de distancia y muchos años separados, que decidió cumplir su promesa de ir a buscar a su marido.

Pensó pedir dinero a su cuñado Pedro, pero en la misa del domingo el nuevo párroco dijo el problema que tenía una familia del pueblo y que solicitaba una ayuda para que pudieran regresar, no dijo el nombre, pero todos sabían de quien se trataba, pero la abuela Sabina ya tenía otros planes.

Y, una tarde se puso el traje negro que más le gustaba, se arregló el pelo haciéndose un moño estilo italiano que le quedaba muy bien, salió de su casa con dirección a la fonda de la tía Julia, donde paraba el coche de línea de la tarde y se marchó a Ávila. Solamente ella sabía a lo que iba, y con quien iba a encontrarse dentro de unos minutos, también tenía muy claro el tema principal de este encuentro clandestino con su amigo Álvaro.

Nadie sabía la existencia de este joven vecino de un pueblo cercano que había conocido a Sabina en el Mercado Chico de los viernes y se había prendado de ella.

Sabina se bajó del coche de línea y con paso firme y segura de sí misma llegó a la plaza de la Catedral y una vez que había cruzado la carretera entró en la cafetería donde había quedado con su amigo.

— Hola Álvaro, buenas tardes, gracias por venir.

— Sabina que guapa estas, gracias a ti por permitirme pasar un rato contigo. –Quieres que vayamos a un lugar más tranquilo que este.

— No, creo que estamos aquí bien, ¿te encuentras cómodo?

— Por supuesto a tu lado siempre estaré cómodo y feliz.

— Estás muy cumplidor hoy y te lo agradezco, necesito que alguien me mire como mujer.

La abuela, mejor llamarla por su nombre, Sabina, se sentía alagada por las palabras de su amigo, pero había quedado con él para otros asuntos muy distintos a pasar una tarde de encuentro amoroso, aunque Álvaro ya lo había demostrado en otros momentos, era un caballero con educación y sobre todo sentía un amor platónico hacia Sabina, aunque los dos sabían que sería imposible llegar muy lejos y juntos por la vida, dado la situación personal de cada uno.

Según pasaba la tarde los dos se iban encontrando más relajados riéndose de las bromas y chistes que se contaban al oído, ese día Sabina se había puesto el traje de chaqueta negro y una blusa con detalles blancos y efectivamente, como se aprecia en una foto que encontré después en la caja de latón, estaba muy guapa con esa sonrisa que hacía mucho tiempo que no la lucia y sus zapatos de tacón que con tanto estilo pisaba fuerte para demostrar que estaba allí y se sentía feliz.

Cuando terminaron de merendar, Sabina quiso hablar sobre su problema familiar, que era el motivo de este encuentro, pero al iniciar su historia, él la puso la mano en su boca y la dijo:

— Ya sé lo que te pasa y no es necesario que me lo cuentes sea para lo que sea, cuenta con mi ayuda ahora y siempre.

— Eres una gran persona y mi mejor amigo, bueno mi único amigo, muchas gracias por haberme hecho reír, llevaba mucho tiempo sin vivir situaciones tan alegres como esta.

Estaba ocultándose el sol detrás de la sierra de Gredos y los dos jóvenes se dirigían a la plaza de Santa Teresa para salir de las murallas, en uno de los recovecos que hace la carretera, Álvaro busco la mano de Sabina y la preguntó:

— ¿Puedo? ella no contesto, pero un ligero movimiento afirmativo dio paso a que fueran paseando de la mano como dos jóvenes enamorados.

— Álvaro, creo que es mejor dejar este juego.

— No es un juego, son nuestros sentimientos.

— Pero son sentimientos prohibidos, yo estoy casada y tengo dos hijos y mi marido enfermo a miles de kilómetros de aquí.

— Ya lo sé y te quiero ayudar por eso estamos aquí juntos, somos amigos y estoy para ayudarte y respetar tus sentimientos, no tengas miedo, nunca pasará algo que no deseamos los dos que pase.

Siguieron andando, pasaron por la plaza del Convento de Santa Teresa y salieron por el arco de las murallas para cruzar el puente del rio Adaja, donde se detuvieron un rato tirando flores al agua y pidiendo deseos con la esperanza que el destino los hiciera realidad lo antes posible.

— Si quieres te puedo llevar en mi coche a tu pueblo ¿quieres?

— Estás loco, imagínate que nos ve alguien… a la mañana siguiente lo sabría toda la provincia y si me apuras un poco serían capaces de apedrearme en la plaza del pueblo.

— Que exagerada eres, es que, en este país, ¿no pueden ser amigos un hombre y una mujer, sin ser amantes ni tener que hacer el amor? esto es una de las muchas cosas que se tienen que cambiar en la sociedad… ojalá pudiera yo verlo pronto, pero será difícil que cosas como éstas se consigan quitar de la vida de las personas que no valoran sus sentimientos y no saben lo que es una verdadera amistad.

— Pues creo que si quieres ir a tu casa tendrá que ser conmigo y en este coche, porque acabo de ver pasar el coche de línea y no ha parado.

— Vale pues te acompaño yo a ti y me dejas en la entrada primera del pueblo donde está el bar que me supongo que estará cerrado a estas horas.

Con mucho estilo de buen conductor puso el coche en marcha a la vez que miraba a Sabina con ojos de un joven enamorado.

Ella procuró no darse cuenta y le dijo:

— Vámonos ya que es tarde.

Los 14 Km que separan Ávila del pueblo de Sabina fueron muy especiales porque ninguno de los dos sabía cómo terminaría esta cita de amigos o quizás de algo más.

— ¿Quieres que pare aquí y vas andando hasta tu casa por la calle de atrás?

— Si será lo mejor, para ya por favor.

Se miraron a los ojos bajo la poca luz que se desprendía de una farola cercana, y antes de bajarse del coche, Sabina se despidió de Álvaro con un beso en la mejilla y una bonita mirada de agradecimiento que brillaba en sus ojos.

Álvaro contestó con una sonrisa llena de sentimiento y cariño, cogiendo la mano de su amiga y acariciando su cabello la dio un beso.

Un beso de amor… Un beso de amante… un beso de amigo… nunca lo sabremos, quizás fue un sueño de los dos, o quizás una fantasía del escritor… o quizás un deseo de ellos que no se pudo cumplir. ¿Quién sabe? igual sí se cumplió.

Dicen que las mujeres inteligentes siempre tienen un secreto que no comparten con nadie y se lo llevan a su última morada. Quizás el secreto de Sabina sea éste que aun sabiendo los dos que sus vidas tenían otro destino muy diferente, que su historia no tenía un camino compartido, con un bonito tono de voz, la dijo:

— En este momento "soy el hombre más feliz del mundo ¿y tu Sabina?

— Para mí ser tu amiga es lo mejor que me ha sucedido, nunca te olvidare.

— ¿Te veré otra vez antes de irte? –dijo Álvaro

— Seguro que sí, yo también hoy he sido muy feliz

De nuevo un beso, un adiós y una de las más bonitas sonrisas de los dos… muchas gracias –se dijeron los dos amigos.

Pasaron unos días y aproveché un momento propicio para hacer a mi abuela la siguiente pregunta:

— Abuela ¿Qué clase de beso fue?

— ¿A qué te refieres? –dijo la abuela.

— A tu viaje a Ávila de aquel día.

— Yo no sé de qué me hablas, hace mucho que no voy a Ávila. ¡Olvídalo!

Ni la abuela ni yo podremos olvidar este periodo de su vida. Sabina seguía haciendo todas las gestiones necesarias para viajar como emigrante y poder reunirse con su marido para ello necesitaba recibir un escrito de invitación por parte de Mariano detallando su situación legal en Buenos Aires, una invitación de acogida familiar y domicilio donde viviría… pero tardaba más de lo normal y la abuela empezaba a preocuparse, de camino a la única tienda que había en el pueblo, se paró a visitar a su madre porque pensó que estaría interesada en saber lo que paso la tarde anterior.

— Hola madre ¿qué tienes para comer? había pensado venir con los niños para comer contigo, para el postre tengo yemas de Ávila que te he traído.

— Pues como casi siempre, tenemos cocido, ¿os gusta verdad?

— Si claro pues vendremos luego, sobre las dos.

— Sabina ¿qué tal estaba Ávila ayer?

— Pues como siempre no se han movido las murallas, ni los santos, ni las iglesias ¿por qué me preguntas eso?

— No por nada, pero ten cuidado y no vayas a hacer algo de lo que te arrepientas toda tu vida.

— Madre, soy mayor y sé muy bien lo que quiero, lo que necesito y por donde voy.

— Vale, vale eso digo yo que eres mayorcita para saber lo que haces.

— ¿Por cierto, sabes ya cuándo te vas a Buenos Aires?

— Todavía no lo sé… me tiene que mandar Mariano unos documentos y parece que tardan mucho.

— Bueno hija no te apures ya llegarán… rezaré para que asi sea.

Cuando salió de casa se dio cuenta que su madre sabia algo más que ella no la había contado, pero demostró, sin decirlo, que le parecía bien sus gestiones y su plan de viaje, pero que no perdiera el horizonte ni la cabeza.

El tiempo de espera se hacía interminable para ella… hasta que llegó la carta que esperaba de su marido con los papeles que necesitaba, preparó todos los documentos y se fue a la capital para conseguir los permisos de viaje como emigrante con su hijo en busca de su marido.

Ese mismo día recibió una visita que no esperaba y que nadie le había informado de ello, ocurrió que, estando sentadas en la puerta de su casa, muy cerca del árbol centenario que adorna la plaza del pueblo, que tiene una bonita historia que va pasando de padres a hijos y siempre se va cambiando de la historia real, cada vez que se cuenta la leyenda de dicho árbol, se aumenta las ocasiones que ha salvado al pueblo, de arder en llamas.

Una señora muy bien puesta pregunta por Sabina al grupo de mujeres que estaban en la plaza,

— Soy yo –dijo Sabina.

— Esto es para ti.

La entrega una caja de regalo diciéndole que se había enterado del viaje que iba a emprender y que se llevara esta caja que le daría suerte…. Sabina le dio las gracias con mucha educación y allí se quedó llena de dudas, sin saber qué hacer y pensando ¿lo abro o no?

Se despidió de las vecinas, se metió en su casa y en su habitación, decidida a abrir la misteriosa caja. Cuando la abrió todas sus dudas se esfumaron, pero aún con lágrimas en los ojos consiguió leer la nota que había dentro.

— "Soy la madre de un joven que te conoce y me ha contado tu historia de valor y cariño a tu marido, por él eres capaz de cruzar el océano para mantener unida tu familia, espero que lo consigas y a tu regreso conocer mejor tu historia, te deseo la mayor suerte del mundo".

Sólo pudo secarse las lágrimas y saber que el hijo de esta señora era un buen amigo de verdad.

Con los documentos que le envió su marido y el resto que ya tenía preparados se fue a la capital para solicitar su inclusión y la de su hijo Juanito en la lista de emigrantes para Buenos Aires lo antes posible por la enfermedad de su marido, alegando lo que hoy se llama agrupación familiar. En poco más de un mes ya tenía concedida su petición y los billetes del transatlántico PSSA Mafalda saliendo del puerto de Almería el día 26 de abril del año 1917.

Cuatro días antes de la salida del barco, Sabina y su hijo Juanito se fueron en un autobús que iba por diferentes ciudades recogiendo a los viajeros emigrantes que embarcaban en el puerto de Almería con destino a Argentina.

Lo que Sabina vivió a su llegada al puerto marítimo es difícil que yo lo pueda trascribir tal como fue… El inmenso trasatlántico que iba a surcar los mares y llevarla a ese destino que tanto anhelaba.

La cantidad de gente con bolsas, maletas, cestas… Los marineros con su traje de trabajo que eran los únicos que se sentían seguros.

La gran altura de las chimeneas. El olor a agua salada y la inmensidad del mar que ella nunca había visto y lo que veía la parecía grandioso, nunca pensó que fuera de su pueblo hubiera lugares tan diferentes a las llanuras castellanas plantadas de trigo y otros cereales. Otra cosa que la sorprendió fue la cantidad de gente esperando con su equipaje la hora de subir a este enorme barco.

Mientras contemplaba esta escena, que bien podría ser fruto del guion de una película, pensó, qué sería de ella y de su hijo si esta "aventura" no salía bien. Fue la primera vez que pensó dar marcha atrás y regresar a su pueblo, pero ya era tarde, su destino estaba escrito asi.

Con estos pensamientos y dudas, entre la gente vio una cara conocida que poco a poco se acercaba a ella con una agradable sonrisa, Sabina miro a su hijo, vio a la persona que había reconocido y lo único que se la ocurrió fue decir:

— Juanito, siéntate encima de las maletas y no te muevas por nada del mundo.

— Madre, donde va. No me deje solo ¡¡madre!!

— Hijo, tranquilo, vengo enseguida.

— No se preocupe yo le cuido hasta que venga usted –dijo una señora que estaba esperando como todos.

— Muchas gracias, vengo enseguida.

Sabina corrió hasta donde estaba Álvaro y se fundieron en un abrazo con todo el cariño del mundo.

— Álvaro que haces aquí, como has venido, yo no te quise decir cuando me iba, ¿cómo te has enterado? ¡Que alegría verte!

— Me lo dijo mi madre que fue a la misa del domingo a tu pueblo y el cura pidió en la homilía que rezaran todos porque saliera bien tu aventura.

— No es una aventura, es mi vida, mi destino, mi futuro y sobre todo cuidar a mi marido ¿tú lo entiendes y me comprendes? Por favor, Álvaro, que nadie se entere que has venido hasta aquí para despedirte de mí.

— No te pongas nerviosa, he venido hasta aquí porque mi padre quiere que conozca todo lo relacionado con los negocios familiares y he venido con un directivo de nuestras empresas que me explica todos los temas importantes de los negocios que tenemos por diferentes lugares de nuestro país, minas, los astilleros y una pequeña granja de pollos, además de todas las tierras de sembrado que tenemos en Ávila. Quizás en poco tiempo me tendré que hacer cargo de todos los negocios familiares.

— ¿Bueno y tu madre sabe que estás aquí?

— Ella sabe solamente lo que es necesario, me dijo que te diera un beso de su parte. No te preocupes, no pasa nada… esta todo perfectamente controlado.

— Estas muy guapa con ese sombrero y tus rizos rojizos por fuera.

— Gracias por alagarme tanto, pero me gusta viniendo de ti, te agradezco que hayas venido a despedirte de mí, es muy triste decir adiós cuando se inicia un viaje como este, que tiene un principio lleno de ilusión, pero no sabemos cómo será el final, pero más triste es no tener a quien decir "adiós, hasta pronto". Álvaro muchas gracias.

Sabina se acercó a él y unido a un abrazo, le dio un beso lleno de cariño y con un sincero agradecimiento.

— Sabes que no te ibas a ir sin que nos dijéramos "hasta pronto" pero nunca adiós. Es una suerte tenerte como mi gran amiga y agradezco que el destino haya cruzado nuestros caminos, aunque la vida de cada uno sea diferente y estemos muy lejos uno de otro.

— Álvaro voy a buscar a mi hijo, gracias por venir, nunca olvidaré este detalle y sabes que nunca te olvidaré, eres mi amigo del alma, de nuevo un beso y nunca un adiós, ¡¡hasta siempre!!

En ese momento lo que la abuela tenía en su cabeza era ir a por su hijo que era su único compañero de viaje y recordó lo que estaba haciendo por el hombre que tanto amaba y aunque sabía que su hijo no lo entendía le dijo:

— Juanito, hijo, aquí dejo a mi hija, a mi madre y toda mi vida. Sola, contigo, un niño de cinco años, una vieja maleta y las lágrimas a flor de piel me embarco en una aventura que espero que me lleve a un lugar donde recomponer mi vida sentimental, cuidar de mi marido y volver lo más pronto posible a nuestro pueblo y nuestra casa. Sé que no lo entiendes, pero ahora y durante muchos días eres mi único acompañante.

Después de esperar casi dos horas entraron en el barco y se instalaron en su camarote muy cerca de la gran cocina y de la bodega que había en el barco y sin poder confirmarlo llegaron al puerto de Buenos Aires quince días después.

Durante estos días la vida de Sabina fue un poco triste, por un lado, se acordaba de su madre y la hija que se había quedado en el pueblo, con añoranza y muchas veces con lágrimas y por otra parte estaba preocupada por lo que sucedería en Argentina, como estaría su familia y sobre todo era recurrente en su cabeza lo que la insinuó la mujer de Cesáreo que le había pasado a su marido.

— La última carta que he recibido de mi marido, antes de embarcarme en esta locura, es la que está atada con un lazo rojo, como no quiero que la abras, te la voy a leer yo, esta carta la escribió Mariano hace casi cinco meses, pero no se atrevió a mandarla porque hablaba del asunto de "una pollera" y no estaba seguro de mi reacción.

Dado la importancia de esta misiva, cerré el cuaderno y me puse a escuchar.

CARTA DE MARIANO A SU ESPOSA

Mi querida esposa, he tardado mucho en escribirte esta carta porque no sabía cómo empezar ni cómo terminar, pero creo que ahora ya me encuentro mejor y tengo fuerzas para contarte el problema que he tenido y que creo que por medio de Cesáreo te has enterado.

Durante todo el tiempo que estuve muy enfermo tenía que ir con mucha frecuencia al despacho de la Botica cerca de la casa donde vivíamos mi compañero y yo, allí trabajaba una chica que atendía muy bien a los clientes y poco a poco comenzamos a contarnos nuestros problemas y alegrías que nos daba la vida, ella tenía novio y nunca pasamos más allá de una buena amistad.

Un día la veo llorando y me cuenta que está embarazada y su novio no quiere hacerse responsable del asunto ni saber nadan del tema, que no volvería con ella, aunque estuviera embarazada. Me suplicó que la ayudara a pagar un aborto clandestino y me lo devolvería poco a poco hasta el último peso. Por nuestras creencias religiosas, le dije que no, que eso yo no lo hacía y que los pesos que tenía guardados eran para mi familia, a consecuencia de mi negativa hizo correr por la manzana de casas donde vivía "su lio de embarazo".

Y aunque no lo dijo, dio a entender que yo era el padre de ese futuro niño.

Sabina sé que ahora estarás llorando por todo esto, pero te prometo que no tengo nada que ver con esta mujer ni con el embarazo fingido que poco después se descubrió por medio de las investigaciones realizadas por la policía de la ciudad.

Me ha costado mucho dolor haberte contado esto, pero no podía vivir sabiendo que te estaba ocultando este problema que he tenido que vivir lejos de ti.

Poco después la policía de Buenos Aires descubrió que lo habían planificado entre los dos (ella y su novio) que no existía tal embarazo y que lo habían hecho en más ocasiones.

Sabina, siempre serás mi querida esposa, necesito que vengas a cuidarme, por favor ayúdame esto es muy duro estando solo y sin que estes a mi lado.

¡¡Te quiero más que nunca y te espero pronto!!

Tu querido marido

La abuela termino su lectura, me dijo que la guardara de nuevo y cumpliera su deseo.

Tras varios días de travesía, amaneció una mañana con un sol espléndido con un mar tranquilo que parecía que el barco no se movía y Sabina recordó con añoranza las tardes que desde el patio de atrás de su casa veía el movimiento de los trigales como si de una danza de baile se tratará. Cuando estaba disfrutando de estos pensamientos que en su imaginación la parecían una escena de película, alguien la llamó por su nombre.

— Sabina, te estaba mirando y no me decías nada ¿te encuentras bien?

— Si muy bien, estaba disfrutando de este día tan bonito y recordando los paisajes de mi pueblo, ya que la inmensidad del océano se mueve con las olas como a las plantaciones en las tierras de castilla las acuna el viento.

— Me he sentido muy feliz por unos momentos, pero gracias por volverme a la realidad, que no está el mundo para fantasías y mucho menos para nosotras que hoy por hoy tenemos un destino incierto.

Quien despertó a Sabina de sus sueños, era su compañera de camarote y ya amiga desde que montaron en el trasatlántico, Isabella.

— ¿Sabes cuántos días nos faltan para llegar al puerto de Buenos Aires? Yo estoy cansada de ver tanta agua y tantas horas y días aquí encerradas sin poder moverte más de doscientos metros hacia la popa y los mismos para la proa.

— Bueno ya lo sabíamos que este viaje no era de vacaciones y además nosotras y casi todas las personas que estamos aquí tenemos una historia que nos preocupa y nos quita el sueño, ¿a que sí Isabella?

— Mi historia es muy complicada y no por falta de amor, si no por otras circunstancias ajenas a nosotros, algún día te lo contare. Tu conoces bien a las personas con solo mirarlos a los ojos con esa dulzura que tienes y la sensación de tranquilidad y confianza que trasmites.

— Bueno, bueno… no es para tanto que porque sea de Ávila y me guste la vida de Santa Teresa no tengo mucho en común con ella, era una gran luchadora y se ponía el mundo de montera por cumplir sus sueños.

Pasaban los días y cada tarde se encontraban, mejor dicho, se buscaban en la cubierta y poco a poco se fueron haciendo amigas y confidentes. Había nacido una gran amistad entre estas dos mujeres y también entre sus hijos que mientras sus madres conversaban ellos hablaban con los marineros para "aprender el manejo del barco".

En uno de esos ratos libres que tenían y que su única distracción era contar las olas que se formaban al paso del barco, Isabella decidió contar a Sabina su aventura amorosa con el padre de su hijo.

— Sabina tú sabes que mi apellido es "Jiménez de la Vera" y ese apellido procedía de la familia de mi padre que hicieron una gran fortuna con plantaciones y venta del pimentón en Extremadura. En el entorno social donde vivíamos era muy fácil encontrar un pretendiente bien acomodado, eso es lo que me paso a mí, en una fiesta de sociedad encontré y me enamoré del padre de mi hijo, hasta aquí todo muy bonito y los dos juntos éramos felices, pero…

— ¿Dónde está el problema?

— Pues que los padres de mi novio querían casarle con una heredera de las familias más ricas de Madrid que, entre otros problemas era ocho años mayor que él, era una boda de conveniencia porque pensaban que no hacía falta tener amor y querer a tu compañero de viaje en la vida, solo es cuestión de acostumbrarse a estar juntos, decía siempre su madre, cuando se enteraron de mi presencia en la vida de su hijo, todo se convirtió en rechazos, hablar mal de mí y tratar de separarnos. Por este motivo le mandaron a Argentina para que se ocupara de los negocios familiares y se olvidara de mi.

— ¿Y tu hijo cuándo nació?

— Lo teníamos todo organizado, sus padres pensaban que se había olvidado de mí. Sus padres, como siempre, hacían un largo viaje una vez al año, coincidiendo con la ausencia de sus padres, mi novio viajo a España y estuvimos dos semanas maravillosamente juntos, en ese tiempo procuramos que familiares y amigos nos vieran juntos por si teníamos que tomar medidas legales pudieran testificar a nuestro favor si fuera necesario.

Isabella tienes una bonita historia por la que habéis luchado los dos.

— Pero tengo una duda ¿qué edad tiene tu hijo y donde nació?

— La edad de mi hijo es fácil de calcular, nació justo a los nueve meses del viaje de sus abuelos al extranjero y el de su padre a España para estar conmigo.

— Pues sí que ha sido una lucha familiar por vuestro amor.

— Pero todavía hay más problemas a resolver. Cuando nació mi hijo, los padres de mi novio no aceptaban que fuera el hijo de su hijo, o sea, su nieto y no podíamos inscribirle en el Registro Civil de Madrid por no estar casados los progenitores del niño, esto sí que era un grave problema porque nosotros no aceptábamos que nuestro niño no tuviera los apellidos de su padre por muchas discusiones y peleas que se presentaban.

— No entiendo de leyes, pero sospecho que debe ser muy complicado solucionar esto y mucho más cuando estabais cada uno en un país diferente.

— Pues casi te podía decir que fue lo más bonito y fácil de todo por la ayuda incondicional de un funcionario del Registro Civil.

— Estaba yo acompañada de mi hermana y con el niño en brazos cuando llegamos a la ventanilla.

— Buenos Días ¿qué desean estas jóvenes de un viejito a punto de jubilarse como yo?

— Entre mi hermana y yo se lo contamos mientras el niño se puso a llorar, y al señor funcionario le pareció que la mejor solución era realizar un matrimonio civil por poderes.

— Dios mío… ¿Qué es eso, cómo se hace? –pregunté.

— No os preocupéis es fácil y os ayudaré a hacerlo. El futuro funcionario jjubilado me entregó una lista de documentos que tenía que preparar yo en Madrid y él en Argentina y que volviéramos cuando tuviéramos todos los documentos.

— Pasaron casi tres meses cuando volví al Registro Civil con los documentos de los dos y en un mes, más o menos, se celebró la boda por poderes y el registro del nacimiento de nuestro hijo.

— Que bien que te ayudara el señor funcionario, ¿verdad?

— Después me enteré de que era el responsable del Registro y se tomó mucho interés por ser un trámite diferente a lo habitual. Ya solo faltaba que los abuelos de mi hijo se fueran de viaje y nosotros venir a Argentina con mi marido y su padre legalmente registrado todo.

Una vez que Isabella termino su historia de amor y guerras familiares, Sabina pensó que su vida era un jardín de flores en comparación con la de ella, pero sólo la dijo estas palabras.

— "Isabella te has ganado la felicidad, ojalá lo consigas para siempre en este país".

Una de esas tertulias de la tarde estaba Sabina en la proa contemplando la diferencia de colores que se reflejaban en el mar, el azul verdoso de la inmensidad del agua, el color anaranjado y rojizo que producía la puesta de sol. La ensimismó y se sintió libre y con fuerzas para afrontar su nueva vida, sintió algo que hacía mucho tiempo que no lo sentía: "la valentía que siempre ha tenido en los momentos más difíciles de su vida".

En ese momento llegó Isabella para contemplar esa feria de colores, se abrazó a su amiga contagiada por los sentimientos que ambas tenían a flor de piel y juntas comenzaron a disfrutar de esta nueva experiencia, se miraron a los ojos y poco a poco fueron expresando sus sentimientos con todo el decoro del mundo, relatando estas frases tan sentimentales que los viajeros que estaban en la cubierta rápidamente se pusieron a escuchar.

— Me suelto el pelo para que la brisa del mar acaricie mi cabello.

— Me desabrocho el cuello de mi camisa para que mi voz llegue a todos los rincones del mundo.

— Me subo mi falda para que mis piernas puedan correr por la playa y sentir la libertad.

— Me quito los zapatos para pisar con cariño y respeto a la tierra que me va a acoger.

— Abro los ojos para ver la realidad de la vida y afrontar mi destino.

— Afino mi oído para escuchar el ruido de las olas que me vuelven a la realidad.

— Y con gran cariño envío mi mejor recuerdo a mi país, con esta canción.

"España patria querida…

España de mis amores.

quien estuviera en España…

en todas las ocasiones"

De igual modo Isabella entono una canción muy conocida.

— Con respeto vengo a estas tierras que me acogerán para vivir mi destino y le canto una canción:

"Mi Buenos Aires querido,

sí muero lejos de ti…

que digan que estoy dormida

y que me traigan aquí".

Con un fuerte abrazo de las dos amigas, el aplauso de los viajeros del barco y el final del crepúsculo en el horizonte del mar terminó esta demostración de libertad de estas dos mujeres que, habían apostado por cumplir su destino lejos de su país y se estaban preparando para ello.

El resto del día trascurrió sin nada especial, pero, a la mañana siguiente, fueron "invitadas" al despacho del Capitán, el marinero que los acompañó hasta allí dijo:

— Mi capitán, las señoras están aquí.

— Que pasen, gracias.

— Buenos días, dijeron las dos mujeres a la vez, con voz de preocupación.

— Soy el capitán de este barco y mi nombre es Rodrigo y mi apellido Velázquez, buenos días ¿Quién es Sabina?

— Soy yo… ella es Isabella.

— Estupendo, ya sabemos quién somos cada uno de nosotros, –dijo el capitán.

— Me han informado que ayer hubo un espectáculo en la cubierta de proa.

¿Se puede saber a qué se debía ese festejo?

— Siento decirle que solamente fue un momento donde pudimos expresar nuestros sentimientos y agradecer a este país que nos acogerá en el futuro…no fue un espectáculo ni un festejo.

— Me supongo su contestación, pero la pregunta es obligatoria hacerla. –¿Tienen ustedes la intención de hacer otra actuación en breves días? –Dijo el capitán con gesto de enfado y una ligera sonrisa.

— No, no queremos molestar más a nadie y menos a usted.

— Lo sentimos mucho –dijeron las dos mujeres a la vez.

— Pusimos en práctica lo que decía Santa Teresa a sus monjitas y nos ha salido mal –dijo Sabina.

Con cara de asombro, preguntó el capitán.

— ¿Que decía esa Santa mujer?

— Que cuando tienes dudas de lo que quieres o debes hacer, es mejor "pedir perdón, que pedir permiso".

— Muy sagaz y una gran mujer que llego a ser Santa por su interés en cumplir sus sueños.

— Está bien, no tengo valor de ponerles la sanción reglamentaria, pero que no vuelva a ocurrir.

— Ah, se me olvidaba decirles que yo también aplaudí vuestra muestra de sentimientos, espero que Argentina os trate como os merecéis. Pueden marcharse…

— Muchas gracias capitán

— Isabella, sin comentarios… nos hemos librado de la sanción. Si, pero se le notaba que en el fondo que no estaba tan enfadado como quería demostrar.

— Le llego al alma la frase de Santa Teresa, mi duda es que no tengo la seguridad que esa frase sea de esa santa, pero la realidad es que nos ha ayudado bastante.

A los pocos días de este acontecimiento, por los altavoces del transatlántico se oyó la voz del capitán.

— "Señores viajeros en breve tiempo divisaremos por la borda el puerto marítimo de Buenos Aires, toda la tripulación les agradece su colaboración durante la travesía, deseamos que sus sueños se cumplan en esta tierra americana".

Sabina no pudo contener las lágrimas cuando divisó la tierra americana. Se abrazó a su hijo y entre risa y llanto le dijo:

— Juanito hijo, estamos en América, vamos a ver a tu padre y a vivir aquí, ganar dinero y marcharnos a España. Mira hijo allí lejos estará padre para recibirnos, a ver si te conoce que has crecido mucho.

Corriendo por la cubierta apareció Isabella.

— Sabina que ya hemos llegado, qué bien gracias a Dios estaremos dentro de poco en tierra firme ¿nos estará esperando alguien?

— Yo creo que sí estará mi marido, a ti te buscará el padre de tu hijo.

— Si y ya mi marido, porque estando lejos de su familia somos muy felices y seguro que los tres juntos estaremos muy bien.

— ¿Tenemos que tratar de vernos algún día, no te parece?

— Si claro, pero yo no sé dónde estaré, dijo Isabella.

— Yo tengo la dirección de la casa de mi marido, dijo que estaba muy cerca del Obelisco que es un monumento de la capital de Argentina. Te la doy y nos buscamos dentro de unos días.

— De acuerdo, así lo hacemos. Y tal y como vino Isabella corriendo se marchó.

La abuela se quedó pensativa asegurándose que le esperaba su marido en el puerto. Claro que estaba segura de que estaría allí y con lágrimas en los ojos de emoción por vernos. La que más nerviosa estaba era yo, pensaba en besarle, abrazarle y no separarme de él en un buen rato, pero la realidad fue que cogió al niño en brazos y los tres juntos nos abrazamos sin poder hablar por la emoción.

— Pasado unos minutos el abuelo me mira de arriba abajo y me dijo "que guapa estás. Tenía miedo a olvidarme de tu cara, pero estás como siempre".

— Tu también estás muy bien a pesar de todo lo que has pasado, ¿te encuentras bien?

— Sí, ya voy mejor, sin fiebre y tomando medicamentos, ya he comenzado a trabajar hace unos días, pero estoy muy débil y me agoto enseguida.

— Bueno ya estamos aquí contigo y todo será diferente y mejor ¿verdad marido?

— Como me gusta oír tu voz llamándome "marido", cuando tenía mucha fiebre y no podía respirar bien, solo me acordaba de ti, de tu voz, de tus besos, tus caricias… me entraba una tristeza enorme creyendo que nunca más volvería a verte… muchas gracias por venir a verme.

Hasta aquí la historia se ha escrito con los recuerdos y vivencias de mi abuela, y de las personas que han compartido con ella nuevas experiencias durante estos años de su vida. Que, aunque se prometió a sí misma que "si no venía, le iba a buscar" nunca pensó tener que cumplir esa promesa y cruzar el océano para llegar a Argentina.

Cada viajero bajaba por las escaleras del barco con todo su equipaje encima, pero mirando a la multitud de familiares y amigos que le estaban esperando.

Según iban recorriendo el camino hacia la casa donde vivía el abuelo en la vieja furgoneta que tenía para el trabajo, les contaba lo que era cada edificio o monumento que veían, Sabina no pudo contener la emoción y unas lágrimas corrieron por sus mejillas, sólo de pensar el rumbo que tomara su vida en este país, ¿Tendré valor para hacer algo importante? ¿Seré capaz de querer a mi marido como siempre? ¿tendremos más hijos?

Estas dudas y alguna más fueron las compañeras del primer viaje que hizo Sabina por las calles de Buenos Aires junto a su marido y su hijo.

Cansados de viaje y del movimiento que hacía el vehículo al circular por los adoquines de algunas calles, llegaron a la casa donde iban a vivir meses, años… no sabemos cuánto ni cómo, el destino lo dirá.

— Abuela que recuerdos tienes que puedas resumir con una frase, lo que sentiste al llegar a Buenos Aires. Antes de contestar mi abuela respiro profundamente y me dijo:

— Cuando pisé suelo americano tuve dos pensamientos que me daban vueltas en la cabeza ¿qué hago yo ahora en este país? ¿Como será a partir de ahora nuestra vida?

Con estas frases y con muchas ganas de volver a España, en las primeras semanas se inicia una nueva vida para la familia de Sabina que estaban en Buenos Aires y lo primero que hizo el abuelo fue presentar a su mujer y a su hijo a las personas que conocía en el trabajo, en el mercado de abastos y sobre todo en la botica donde compraba los medicamentos, también visitaron a otros emigrantes españoles que vivían cerca del trabajo de Mariano.

El primer cambio que tuvieron que afrontar fue el abandono de su compañero de trabajo de la casa que compartían los dos, comprendió que, en ese espacio tan pequeño no podían vivir todos y se buscó otra casa, no sin antes arreglar la cama de Juanito, qué estaba siempre rota, con el compromiso de que vendría a comer todos los días, cogió sus pertenencias y se marchó.

CAPÍTULO 10

TRABAJO Y COSTURAS

Según me conto la abuela y sabiendo lo controladora que siempre había sido, pronto se dio cuenta que su vida había cambiado y como consecuencia, ella tenía que cambiar. Ya no estaba en un pequeño pueblo de Ávila, vivía en una gran ciudad de Argentina, dependían de ella su hijo y su marido que eso requiere mucho temple para tomar las oportunas decisiones familiares, los controles médicos de Mariano seguían siendo necesarios y el coste era muy elevado, ella no tenía el apoyo directo de su familia y alguna que otra vez la entraba "morriña" de todo lo que había dejado en el camino y tomó la decisión de cambiar su comportamiento de añoranzas por el de ser valiente como siempre lo había sido y además se dio cuenta de que una vez que estás en un país extranjero con permiso de trabajo por emigrante, la vida cambia totalmente.

Con todos estos pensamientos y compromisos con ella misma le comentó a su marido sus nuevos proyectos y su actitud ante la nueva situación de la familia.

— Mariano, quiero hablar contigo de la situación que tenemos en este momento y que puede ser muy negativa para nuestro plan de futuro.

— ¿De qué se trata de que lo cuentas con tanto misterio?

— Pues es muy sencillo, he estado calculando nuestras posibilidades económicas y no podemos vivir con un salario las tres personas de la casa y además ahorrar para volver a España, asi que ahora que esta Juanito dormido vamos a planificar nuestro futuro según creo que pudiera ser beneficioso mientras estemos aquí y que nos aseguremos nuestro regreso a España en un tiempo prudencial, yo no quiero tener a mi familia repartida en dos lugares, porque me da la sensación de que también tengo mis sentimientos partidos en dos.

Mariano, en este proceso de cambio, tenemos que hacer dos cosas principales; una es que arreglemos los documentos que sean necesarios para que Juanito vaya a la escuela.

— ¿Y la otra cuál es?

— Que yo tengo que trabajar y quiero trabajar. Mariano, como sigamos así, en pocos meses nos quedamos sin dinero y por lo tanto sin poder volver a nuestro país. Por favor, dime qué tengo que hacer para poder trabajar aquí, no puedo quedarme mirando al sol, mientras que tú trabajas.

— Pero cómo se te ocurre esa idea, eres mi mujer y nunca has trabajado fuera de casa. Habéis venido a Argentina para cuidarme y estar juntos, no para trabajar.

— Pero marido, esto no puede seguir asi, esto no es España, aquí hay muchas mujeres que trabajan en fábricas, de costureras, en limpieza y en muchos otros oficios, piénsatelo porque tenemos que tomar una importante decisión.

Pasaron varias semanas y Sabina ya conocía a alguna de las señoras de las viviendas y un día la señora del 4-B la comentó que la mujer que la ayudaba en casa se había buscado otro trabajo y que quizás ella podría hacerlo.

Nada más llegar a casa Sabina le puso al corriente de su conversación con la señora del 4B, diciéndole:

— Marido, hoy es un día muy importante para mí.

— Pues me alegro mucho ¿se puede saber cuál es el motivo?

— Sí, claro… me han ofrecido un trabajo muy cerca de aquí, bueno es en casa de la señora del 4-B.

— ¿Que…? me supongo que habrás dicho que no.

— Pues he dicho que lo consultaba contigo y la daría una contestación mañana, porque necesita alguien que la ayude en las tareas de la casa.

— Me supongo que será NO.

— Mariano sabes muy bien que hemos demostrado siempre lo mucho que nos queremos y por eso estoy aquí contigo, sabes que cuando tengo las cosas claras no paro hasta conseguirlo y también sabes que necesitamos ese trabajo para cumplir nuestro sueño. ¿No te acuerdas de que todo esto comenzó cuando querías venir a ganar mucho dinero? Pues ahora es cuando se va a cumplir tu sueño, porque seremos dos a trabajar y asi podremos volver ricos o menos ricos a nuestro país.

— Sabina por favor… no quiero que trabajes dile que no puedes, o lo que quieras decir, pero no trabajes. Eres mi mujer y tengo la obligación de cuidar a mi familia.

— Esa misma obligación la tengo también yo y la debemos compartir entre los dos. Algún día me agradecerás que diga que SI a este trabajo.

Esa noche el abuelo se acostó sin cenar y sin abrazar a su mujer cuando estaban en la cama como hacían siempre. Pasaron los días, Sabina estaba feliz con su trabajo y Mariano sin hablar del tema dió a entender que su mujer una vez más tenía razón.

El primer día que tuvieron libre en sus trabajos, se fueron a enterarse de como matricular al niño en un colegio cercano a su casa y después de cumplimentar todos los impresos que les dieron y aportar la documentación necesaria Juanito inicio su etapa escolar el primer día del mes de febrero en el colegio de monjas que por su condición de hijo de emigrantes le correspondía. Esta gestión animó mucho a Mariano porque sin decirlo estaba preocupado por la escolarización de su hijo.

Un día que estaba Sabina trabajando en el 4-B, quedó maravillada de lo que vio en un cuarto trastero de la casa, una máquina de coser muy antigua y casi oculta por otros muebles y cosas inservible. "Qué de costuras podría hacer yo con una máquina como esta" ¿Funcionará? quizás me la podría vender porque parece que nadie tiene interés por ella". Mientras que la abuela pensaba todas estas cosas y otras cuantas más, llegó la señora de la casa y después de un cordial saludo, Sabina la preguntó.

— He visto en el trastero que estoy limpiando que tiene usted una máquina de coser… ¿funciona?…

— Pues no lo sé era de mi madre y hace muchos años que nadie la usa. ¿Usted sabe utilizar este trasto viejo?

— Yo en España tengo una y sé coser y cortar todo tipo de ropa para mi familia y amigos, creo que con esta máquina también lo podría hacer.

— ¿Y usted sería capaz de arreglarme un vestido para ir a una boda para que me quede bien y parezca nuevo?

— Si funciona la maquina sí que puedo con toda seguridad y si no también porque se puede coser a mano.

— ¿Estupendo cuando empieza con mi vestido? A cambio le regalo la máquina de coser.

Después de un rato largo de conversación entre las dos mujeres, se llegó al acuerdo de que Sabina se bajaba la máquina de coser a su casa, su marido la arreglaba, si podía, y la señora del 4-B, sin darse cuenta, se convirtió en la primera clienta del incipiente negocio de esta de familia emigrantes en Buenos Aires.

Sabina no pudo contener su alegría y cuando llego a su casa le contó a su marido todo este lio. Despúes de escuchar a su mujer, misteriosamente, le pareció estupendo, Sabina conocía y además le gustaba diseñar y coser ropa. Se pusieron manos a la obra y, como en otras ocasiones de su vida, Sabina puso "toda la carne en el asador" para que esta iniciativa saliera bien y asi fue, porque en poco más de un mes, ya tenía varios arreglos de costura que hacer. Una mañana fueron al registro de inscripción de actividades laborales en viviendas familiares, para solicitar la inscripción de su "negocio familiar".

Este registro estaba supervisado por la Administración del Estado con el fin de controlar y asegurase que la iniciativa laboral estaba compuesta por la unidad familiar y cumplían toda la normativa de este tipo de empresas, y que la dueña era su marido y ella, tenían reducido el número de clientes y las facturas a emitir no podían pasar de cierta cantidad de pesos argentinos, además no realizar ningún trabajo para otros clientes que tenían una normativa diferente.

Con la explicación de la Abuela entendí que era similar a las cooperativas que se crean en España. Cuando les tocó entregar los documentos al funcionario, había un dato que no habían pensado y que tenían que reflejar en el formulario.

"Nombre de la actividad laboral domiciliaria y Nombre del propietario de la actividad".

Sin necesidad de ponerse de acuerdo los dos pensaron lo mismo: Sabina y Mariano son los propietarios y el nombre "Entre telas y costuras de España.

— Mariano estoy feliz, con este trabajo, siento que mi vida en Argentina tiene un futuro mejor para nuestra familia, he escrito una carta a mi madre para que se entere ella y como pasa siempre también todo el pueblo.

— Ya sabes que yo estoy siempre a tu lado y he pensado que me puedes "nombrar técnico en reparaciones" ya te he arreglado la primera Wertheimer que te regalaron, je, je.

— Estupendo y si quieres te puedo enseñar a coser, es muy fácil.

— Desde que hemos puesto el cartel en la ventana no deja de traer ropa para arreglar, vamos a tener que "contratar" alguien que nos ayude…je, je.

Asi de felices estaban con este incipiente negocio y con su vida juntos en este país que les acogió como emigrantes y donde han tenido que superar diferentes dificultades y ahora juntos forman un buen equipo y esperan que se cumpla su sueño.

Con motivo del primer año de funcionamiento del negocio familiar prepararon una pequeña celebración con todas las personas que están vinculadas a la empresa, que habitualmente lo llamaban "taller de costura español", por aquel entonces ya eran nueve personas trabajando.

Durante esta modesta celebración, alguien dijo; un momento por favor, Sabina tiene que comentaros una cosa.

— Bueno son varias cosas, una que vamos a tener un hijo español en tierras argentinas lo que es una satisfacción para nosotros. Otra noticia es que hoy es nueve de junio que es igual que 40 de mayo, fecha que ha marcado mi vida y llenado de muchas circunstancias especiales en nuestra familia. Y para terminar deciros que a partir de la próxima semana vendrán dos chicas jóvenes para aprender a manejar las máquinas de coser y ayudarnos en el trabajo, si os parece bien se encargará de esta actividad María Dolores.

— Muchas gracias por formar parte de este proyecto laboral y familiar ayudarnos a cumplir nuestro sueño.

Entre besos, felicitaciones, risa y abrazos terminó el primer aniversario de esta empresa familiar, "nacida en Argentina con padres españoles" igual que el próximo hijo de esta familia.

CAPÍTULO 11

NUESTRO HOGAR

El tiempo pasaba muy deprisa y el taller de costura español, como se le conocía en la zona y entre sus clientes, iba muy bien

Según pasaba el tiempo se dieron cuenta que tenían que hacer modificaciones en la organización de los espacios para buscar más rendimiento en las máquinas de coser, después de ver todas las posibilidades tuvieron claro que deberían contratar un espacio mayor para poner un lugar de retirada de los pedidos directamente por los clientes y de esa forma dar visibilidad a los trabajos de costura que se hacían.

De nuevo la suerte les sonrió y pudieron alquilar el local colindante a su casa y alli instalaron la zona de recogida y fabricación de forma personal y visible, situación que no era muy normal en Buenos Aires, lo que sí que era muy novedoso, después de esta ampliación Sabina ya estaba embarazada de casi cuatro meses y le dijo a su marido.

— Con esta ampliación hemos ganado en tener más clientes, más trabajo, más personas cosiendo, más dinero, más cansancio y un próximo parto más cerca. Mariano, estoy muy cansada y me duelen las piernas de tanto dar a los pedales de la máquina de coser, creo que dado mi estado debería dejar la costurar y descansar que nos falta poco para el parto.

— Me parece bien lo que dices porque encargándose Maria Dolores de tu trabajo, una de las aprendizas puede hacer el suyo y tu descansas antes y después de que nazca nuestro hijo o hija, ya pronto lo sabremos.

— A mí me hace mucha ilusión que un hijo nuestro nazca aquí, en este país que nos ha dado la oportunidad de mejorar nuestra vida y nos han facilitado muchísimo todos los trámites y gestiones que hemos tenido que hacer.

— Sabes una cosa Sabina, si no es porque tú has venido, has sido valiente para trabajar, para poner un negocio en marcha que ofrece trabajo a más de quince personas, por ser "cabezota" y tenaz como casi todas las mujeres de nuestra Castilla española, este sueño nunca se hubiera hecho realidad, tu estancia en Buenos Aires ha sido un regalo del destino y lo has sabido aprovechar.

— Estoy de acuerdo que yo "he tirado del carro", pero todos lo hemos hecho posible, esto es un éxito compartido por todos. Muchas gracias marido, yo vine a verte y darte el cariño que te faltaba y los dos juntos somos un buen equipo.

Creo que la abuela está cansada de tanto esfuerzo que tiene que hacer para recordar y cada día dice que será el último, pero como sabe que estoy muy ilusionada con este libro, al día siguiente volvemos a empezar.

Una mañana del mes de febrero vino al mundo su hijo español nacido en Argentina, luego estando ya en España le comenzaron a llamar "el americano" y siempre su vida fue como la de un americano adinerado.

Tener un niño pequeño y trabajar se hacía muy pesado, unido a esto Sabina necesitaba venirse a España y comenzó a pensar cómo organizar su regreso y el de su marido, diseñar un buen plan de viaje y una buena organización del negocio familiar, le costó casi un año de tiempo, que compagino con la tarea de ejercer de nodriza ó madre de leche como allí se llamaba. Ante mi cara de asombro la abuela me contó lo que era "ese trabajo".

— Se trata de amamantar a un niño que su madre por diferentes motivos no puede hacerlo y lo hace otra mujer que tiene un hijo más o menos de la misma edad y amamanta a los dos. A los niños amamantados por la misma mujer se les llama" hermanos de leche".

A Sabina esta experiencia le gustó mucho realizarla, no solamente porque el hijo de leche era una bonita niña, sino también porque dejaba algo más de ella en este país. Cuando los hermanos de leche tenían casi dieciocho meses, las dos madres pensaron que ya estaban muy bien criados por Sabina y que se comenzaba el plan de retirarles el pecho poco a poco y de esta experiencia quedó una bonita amistad entre las dos familias.

Durante este tiempo, estando Sabina retirada en la máquina de coser se ocupó del tema de regresar a España. En un principio deseaban irse todos juntos, pero era imposible por varios motivos, pero sobre todo por el tema económico y las normas que tenían sobre las cantidades de pesos que podían "sacar del país" los que ya dejaban su situación de emigrantes. Sobre este tema la abuela no supo o no quiso explicarme más y así quedó el asunto, se venía con los dos niños y su marido viajaría para España seis meses después.

¡¡No, perdón, se venía con tres hijos, dos tenían una edad infantil y un tercero se estaba gestando dentro de Sabina!

Sabiendo como era la abuela estoy segura de que le dejo el billete, el dinero y hasta la vieja maleta de cartón con la ropa preparada. Toda esta organización se debía ejecutar pronto ya que las noticias que llegaban a Argentina procedentes de España eran muy preocupantes y la madre de Sabina, escribió a sus hijos una nota con letras muy grandes que solamente decía "por favor veniros pronto".

Entre las noticias que llegaban de España se enteró de varios temas, entre otros, que obligaron a todos los mozos a alistarse a filas, varios bancos decretaron suspensión de pagos y en toda España se levanta el estado de guerra mediante un decreto. En el año 1934 surgió en Asturias una revolución que formaba parte de una huelga general obreros, pero no tubo demasiada incidencia en la sociedad del país, posteriormente el 17 de julio de 1936 sucedió un acontecimiento que marco la historia de España, un grupo de militares se levantaron en armas para derrocar la Segunda República, este movimiento dio paso a la guerra civil que duró tres años.

Una tarde, la abuela Sabina estaba sentada con las trabajadoras del taller de costura que aprovechaban para descansar un poco y volver a los pedales de la máquina de coser y su peculiar ruido, me conto varias cosas que todavía la preocupaban y se las anoto en un pequeño papel para recordarlas y trascribirlas al libro.

Me dijo:

— "Antes de iniciar mi viaje a España, con mis hijos, que desde hacía mucho tiempo anhelaba realizar, ocurrieron varias situaciones que me hicieron sentirme muy feliz y quiero que lo pongas en mis memorias para que sepan que también supimos ser felices".

Estando la abuela, pensando cómo estaba la situación política en España y las posibles consecuencias, paso por su mente como si fuera el guion de una película, los recuerdos que recordaba de su vida, lo que había hecho bien y había sido feliz y lo que le habían dejado un recuerdo negativo, pero no por eso menos importante, porque de los recuerdos malos también se aprende.

Sumida en esos pensamientos llego el cartero repartiendo el correo y entre las misivas normales del negocio familiar, había una carta dirigida a la abuela y con un remite bastante raro procedente de Madrid, tenía un aspecto muy deteriorado y bastante sucio que daba a entender el largo recorrido que había hecho la carta recibida, hasta llegar a su destino.

Con mucha inquietud abrió el sobre y efectivamente la fecha de la carta era de casi un año atrás desde que la escribieron y lo mejor que pudo leer la abuela es que hacía mucho tiempo, casi dos años, que se habían marchado toda la familia, que ya estaba compuesta por tres hijos y ella y su marido, para España, porque vendieron todo el patrimonio que tenían en Argentina, también la comentaba que ya se habían arreglado los problemas con la familia de su marido y que estaban muy bien en España, Isabella con gran orgullo hablaba de sus hijos, pero de forma más especial de su hija que era un encanto de niña le contaba que tenía el color del pelo muy parecido al suyo, quise entender que era parecido al de la abuela.

Decía que en los últimos años de estar en Argentina tuvieron muchos problemas y que tomaron la decisión de irse, que lloro mucho con esos conflictos y sintió muchísimo no despedirse de mi y que siempre me recordará.

Siguiendo el "guion de su especial película" recordó la amistad con su amigo Álvaro, me dijo que era la mejor persona que había conocido y que se fue a otro mundo silenciosamente, sin ruido fruto de una larga enfermedad, dejando a su madre en la más absoluta soledad. Mucho de los que ahora tenemos se lo debemos a esta familia por su ayuda desinteresada.

Por si a alguien le interesa saber; su cariño, respeto y amor platónico estuvo siempre presente en esta bonita amistad y jamás fue un peligro para la vida sentimental de Sabina y su marido.

Pasaron unos días y en los ratos que Sabina se sentaba a descansar empezó a recordar parte de su vida en Buenos Aires, me conto que hay mucha afición a la zarzuela y la revista en el Teatro Maipo, que era conocido con el sobrenombre de "la Catedral de la revista" y como muchos emigrantes, siempre que podían, asistían a esas funciones, recordó que se iba muy contenta por haber aprendido a bailar tango argentino con su marido.

Yo, siempre he querido viajar a Buenos Aires, pero por diferentes circunstancias no ha sido posible, pero estoy segura de que en algún momento de mi vida será posible realizar ese viaje, sobre todo desde que me ha contado muchas cosas de la capital de Argentina, seguro que habrá cambiado mucho de la época de mi abuela a los días de hoy, pero seguro que la esencia y la forma de vivir seguirá siendo igual.

Buenos Aires es una ciudad vibrante y llena de vida, donde cada barrio tiene su propia personalidad. Uno de los íconos más reconocidos es el Obelisco, ubicado en una de las avenidas más anchas del mundo. En la plaza de la Republica está ubicado este monumento emblemático que es un símbolo representativo de Buenos Aires por ahí es casi obligatorio pasar muchas veces al día.

Otro barrio que tiene muchas actividades Palermo, especialmente Palermo Soho y Palermo Hollywood. Ahí se mezclan lo moderno con lo bohemio: cafés con estilo, ferias de diseño independiente, murales por todas partes y una vida nocturna que no tiene descanso. Ideal para caminar, tomar algo al aire libre o simplemente disfrutar del ambiente.

Las costumbres argentinas también llaman la atención. Por ejemplo, el mate es más que una bebida: es un ritual social que se comparte con amigos o en familia, y que refleja mucho del espíritu argentino. También hay que tener en cuenta la pasión que tienen por el fútbol, que se vive en cada esquina, sobre todo cuando juega la Selección.

En general, Buenos Aires combina la elegancia europea con la calidez latina. sus calles, como la Corrientes con sus teatros, o la Florida con su actividad comercial constante, son parte del pulso cotidiano de una ciudad que nunca deja de moverse.

Nuestro objetivo era trabajar lo máximo posible para poder irnos a España y tener una vida cómoda, pero también pudimos emplear un tiempo en conocer esta ciudad donde hemos vividos y trabajado creando un pequeño negocio que espero que dure muchos años. Por eso cuando llegaba el domingo íbamos a misa a la basílica católica de Nuestra Señora del Pilar en la calle Viamonte y después íbamos a tomar un refresco típico de Buenos Aires acompañado de un aperitivo típico español.

La abuela estaba muy interesada en contarme que en la plaza de la Republica se encuentra el monumento emblemático que es un símbolo representativo de Buenos Aires, se construyó en el año 1936, es increíbles observar este monumento llamado Obelisco ya que tiene una altura de 67 metros y medio, se encuentra en la avenida del 9 de julio, que es la avenida más ancha del mundo y juntos comparten el protagonismo que se merecen, para construir este espectacular conjunto arquitectónico tuvieron que desaparecer 28 manzanas de casa ubicadas en pleno centro de la ciudad.

Cuando se quiso dar cuenta, habían pasado varias horas pensando, recordando sus recuerdos y viendo como su vida había ido pasando según el guion que cada uno tenemos marcado en nuestro destino y con gran cariño recordó que ese día que recibió la carta atrasada de su amiga Isabella, era cuarenta de mayo.

CAPÍTULO 12

REGRESO A ESPAÑA

Antes de que en España se declara oficialmente la guerra civil ya estaban toda la familia unida en su pueblo, su casa y con todos los hijos, que por aquella época tenían.

Durante los primeros años después de su venida a España los negocios del abuelo fueron marchando bien y se notaba que habían traído una buena reserva económica de América, pero como se suele decir "el dinero no dura toda la vida" y de nuevo tuvieron que salir del pueblo para trabajar de guarda forestal en los montes de Hoyo de Pinares, de ese modo podían seguir manteniendo las plantaciones que tenían en su pueblo.

Asi vivieron varios años y llegaron al mundo cuatro hijos más. Un día, antes de salir al monte, Mariano comenzó a sentirse mal, no podía respirar y su mujer se dio cuenta que algo malo pasaba, que estaba llegando el final del último viaje de su marido. Por muy rápido que corrieron a buscar al médico del pueblo, cuando éste llegó ya nada se podía hacer por él, su corazón había dejado de latir. El miedo a la guerra, las amenazas de muerte que cada día recibía y el trabajo duro de vigilar los montes donde se desarrollaban gran parte de los enfrentamientos bélicos, hizo mella en su corazón que dejo de latir y dio comienzo su último viaje del que nunca nadie ha regresado.

Con una expresión triste y con lágrimas en sus ojos me dijo lo que en ese momento sentía.

— De esta forma tan trágica sin poder decirle adiós, sin que pudiera darme su último consejo, ni su último beso, se me fue el gran amor de mi vida. Inició su último viaje a un mundo desconocido y sin billete de regreso, sólo puedo llorar y esperar a que llegue mi billete para reunirme con él.

Ese día, quizás fuera cuarenta de mayo, o quizás no, la abuela no lo recuerda o no lo quiere recordar, pero cambió por completo la vida de Sabina y la de sus hijos, los años que la quedaran de vida estaría sola, sin el amor de su vida, viviendo de los recuerdos y esperando a que el destino la llevara junto a su querido esposo.

Pasaron unos meses, quizás algo más de un año, y durante la cena de todos los sábados, Sabina dijo a sus hijos unas palabras que sirvieron para marcar el destino de cada uno de ellos y también el suyo.

— Queridos hijos, han venidos los dueños de esta casa a decirme que aquí ya no podemos estar más tiempo, una vez que no está el trabajador que la ocupaba el resto de su familia no tenían derecho a ocuparla, que si no estaba de acuerdo podríamos reclamar al organismo de Montes y Pinares de la provincia de Madrid, pero en esta casa no podemos vivir más tiempo.

— Todos sabéis que no tenemos dinero, ni el sueldo de padre con el que podíamos vivir, por otra parte, ninguno de vosotros queréis trabajar la tierra que nos queda para poder vivir en el pueblo y además varios de vosotros ya tenéis familia propia y es de ella de la que tenéis que ocuparos, que no tenemos dinero suficiente para ir a otro lugar, vuestro padre, mi amor eterno, nos ha dejado solos y tristes aquí estamos ocho personas para comer y sin nada que llevarnos a la boca, hijos es necesario cambiar nuestra vida y enfrentarnos al mundo.

Sabina se levantó de la mesa y con lágrimas en los ojos se fue al dormitorio donde lloró amargamente la falta de su marido.

Aquí termina la historia de esta gran mujer que supo recorrer el mundo por amor caminando por caminos pedregosos llenos de dificultades y senderos de flores que la llenaban de felicidad.

Sus hijos buscaron su destino y supieron encontrar la felicidad de la que tantas veces su madre les habló y por lo que tanto ella luchó.

He mantenido en el anonimato la identificación completa de sus hijos tal y como la prometí a mi abuela, pero sí quiero que sepáis lo que el destino les puso en su camino a cada uno de los hijos de Sabina y Mariano, todos siempre se mantuvieron unidos alrededor del recuerdo de su madre.

EPÍLOGO

➢ Su hijo mayor, el que se fue con su madre a Buenos Aires, se dedicó al cuidado y vigilancia de pinares en la sierra de Madrid, tuvo seis hijos.

➢ Libertad, aunque ese no era su nombre, siempre la llamaron asi, voló hasta las islas Baleares y allí hizo su vida con su marido y sus hijos póstumos. Poco antes de nacer los hijos mellizos, su marido falleció.

➢ El americano (nació en Argentina) se instaló con su mujer y dos hijos en Madrid y trabajo en el mundo del mantenimiento de los aviones militares.

➢ Mi padre, fue feliz trabajando en Renfe, se casó con una excelente mujer, tuvieron tres hijos y vivieron en Villalba, el pueblo que tanto le gustaba a la abuela y aquí descansan, en su última morada los tres juntos. La primera máquina de coser que tuvo la abuela Sabina en Buenos Aires se quedó en casa de mis padres y después se vino a mi casa y ocupa un bonito lugar en un rincón del salón, todavía tiene enhebrada la aguja con hilo negro, su color favorito.

➢ Su hija de la calle Serrano 53, vivió en el centro de Madrid y no tuvo hijos, pero mis hermanos y yo fuimos sus sobrinos y en muchas ocasiones sustituimos a los hijos que nunca tuvieron, ella y su marido vivieron del mundo de los recambios para coches y motos.

➢ Otra hija heredó el nombre de una de las santas más famosas de la historia, vivió en Madrid y no tuvo hijos, creo que la abuela nunca supo por que su hija no podía casarse con el señor que siempre le llamábamos "marido" sin serlo.

La herencia de esta hija de mi abuela, que me dejó en su testamento no se pudo cumplir por la negativa de "su no marido".

➢ Su último hijo varón, se formó para el Escuadrón de Caballería de la Policía montada de Madrid, en sus manos está el revolver Colt que el abuelo trajo de Argentina, tuvo una hija.

➢ La más pequeña de todos los hijos, se instaló con su marido y sus cuatro hijos en un pueblo de la zona sur de Madrid.

En estas fechas del año 2025, todos los protagonistas de esta historia ya no están vivos y tal como prometí a doña Sabina, he cumplido sus deseos.

Recordando los últimos recuerdos, doy mis más sinceras gracias a Doña Sabina o a Sabina o a mi querida abuela, por haberme regalado parte de tu vida.

Abuela te he sentido muy cerca y he sido muy feliz escribiendo esta historia que podría ser tu propia vida, o quizás lo ha sido, o quizás todo ha sido fruto de mis fantasías, pero estoy segura de que gracias a este relato la podrán conocer las generaciones futuras de nuestra familia.

Estés donde estés recuerda siempre ser feliz.